Antike

Umschlag:
Ausschnitt aus einem Fragment des *Vergilius Sangallensis* mit Versen aus Vergils *Georgica*, Buch 4. St. Gallen, Stiftsbibliothek, Cod. Sang. 1394, S. 39.

Antike
Römische Literatur im Kloster St. Gallen

Winterausstellung
22. November 2022 bis 12. März 2023

Herausgegeben von Franziska Schnoor

Verlag am Klosterhof, St. Gallen
Schwabe Verlag, Basel
2022

Gestaltung und Satz
TGG Hafen Senn Stieger, St. Gallen

Druck und Ausrüstung
Cavelti AG, Gossau

Bestelladressen
Stiftsbibliothek St. Gallen
Klosterhof 6d
9000 St. Gallen / Schweiz
stibi@stibi.ch
www.stiftsbibliothek.ch

Schwabe Verlag
www.schwabe.ch
CH:
Buchzentrum AG
Industriestr. Ost 10
6414 Hägendorf
kundendienst@buchzentrum.ch

DE / AT / übrige Länder:
Brockhaus Kommissionsgeschäft
GmbH
Postfach
D-70803 Kornwestheim
info@brocom.de

St. Gallen: Verlag am Klosterhof, 2022
ISBN 978-3-905906-48-6

Basel: Schwabe Verlag,
Schwabe Verlagsgruppe AG, 2022
ISBN 978-3-7965-4701-0

Die Wechselausstellungen der
Stiftsbibliothek 2022 bis 2024
werden unterstützt von: Stadt St. Gallen,
Walter und Verena Spühl-Stiftung,
St. Gallen, Metrohm Stiftung, Herisau,
Steinegg Stiftung, Herisau, Dr. Fred
Styger Stiftung, Herisau, Hans und
Wilma Stutz Stiftung, Herisau, und
Kanton Appenzell Innerrhoden.

Vorwort

Die Klosterbibliotheken bilden die einzige Brücke für die Überlieferung des Schrifttums von der Antike ins Mittelalter. Ohne sie wären die Werke von Vergil, Horaz, Ovid und anderen römischen Schriftstellern in der Zeit zwischen 500 und 1000 untergegangen.

St. Gallen war eines der Klöster, welche die römisch-antike Literatur im Mittelalter besonders pflegten. Die Mönche erwarben Handschriften von aussen, stellten selber Abschriften her und vermittelten die Texte im Schulunterricht, um dadurch die Lateinkompetenz zu fördern. So entstand im Lauf der Zeit eine Schatzkammer mit Werken aus dem römischen Altertum. Einige dieser Werke gelangten um die Zeit des Konzils von Konstanz (1414–1418) ins Zentrum der Bewegung der Renaissance, als Poggio Bracciolini und weitere frühe Humanisten in den süddeutschen Klöstern nach dem antiken Erbe suchten. Die Klosterbibliothek von St. Gallen war eine ihrer wichtigsten Textlieferantinnen.

Auch wenn die damals von Poggio und seinen Freunden entwendeten Handschriften fast alle verloren gingen, ist der Bestand an römischer Literatur in der Stiftsbibliothek nach wie vor eindrücklich. Birger Munk Olsen führt in seinem Überblickswerk zur antiken Überlieferung achtzig Einträge zu St. Galler Handschriften aus dem 5. bis 12. Jahrhundert auf, die rund fünfzig verschiedene Texte des römischen Altertums enthalten.[1] Dazu kommen einige weitere aus späterer Zeit.

Diese Handschriften mit römischer Literatur stehen im Mittelpunkt der Winterausstellung 2022/23 der Stiftsbibliothek St. Gallen und der vorliegenden Begleitschrift. Franziska Schnoor hat beides konzipiert, den Grossteil des Inhalts erarbeitet und den Katalog herausgegeben. Dafür danke ich ihr herzlich. Weiter geht der Dank an Gerlinde Huber-Rebenich und Philipp Lenz für ihre Textbeiträge, an unseren Comic-Zeichner Andreas Nievergelt sowie an alle, die sonst an der Vorbereitung und Umsetzung mitgewirkt haben. Schliesslich danke ich einmal mehr dem Katholischen Konfessionsteil des Kantons St. Gallen und der Stiftsbibliothekskommission, welche die Stiftsbibliothek tragen und begleiten, und dem Bund, dem Kanton und der Stadt St. Gallen für die finanzielle Unterstützung.

Cornel Dora, Stiftsbibliothekar
St. Gallen, im Oktober 2022

Klassiker im Kloster – ihr Status im mittelalterlichen Bildungskanon

Gerlinde Huber-Rebenich

«[…] Stumm sei […] die Hirtenflöte des Maro,
und der verzückte Dichter Lucanus lasse die Pharsalischen Zeichen ruhen.
Statius bleibe nüchtern (und erzähle nicht) von einem Mahl voller Blut,
der dornentragende Veilchengarten des Flaccus soll uns gleichgültig sein.
Jener honigverschmierte Naso sei heute weit weg verbannt.
Seinen Zeitgenossen Juvenal soll unser Desinteresse nicht verdriessen.»[2]

Diese Zeilen stammen aus dem vielzitierten Vakanzlied, das Ekkehart IV. (um 980 – nach 1057), der nachmalige Verfasser der St.Galler Klostergeschichte *Casus sancti Galli,* als Schüler seinem Lehrer Notker Labeo (um 950–1022) widmete und eigenhändig in seinen sog. *Liber benedictionum* (Cod. Sang. 393) eintrug, eine Sammlung von meist kürzeren Gedichten aus verschiedenen Schaffensperioden. Der Anlass war der freie Schultag nach Epiphanias (7. Januar), an dem es den Zöglingen erlaubt war, sich einmal ungezügelt und ungestraft Spiel und Sport hinzugeben.

Dass sich ein Schüler der St.Galler Schule wünscht, einen Tag lang nicht mit den lateinischen Klassikern Vergil, Lucan, Statius, Horaz, Ovid und Juvenal geplagt zu werden, heisst nichts anderes, als dass diese Autoren im Curriculum fest verankert waren.

Aber was hatte etwa ein «honigverschmierter Naso» – gemeint: der Liebesdichter Ovid – überhaupt in einem Kloster zu suchen, in dem laut Benediktsregel (Kap. 48) die *lectio divina,* die heilige Lesung, gepflegt werden sollte, nicht die Lektüre der römischen Klassiker – schon gar nicht die erotischer Poesie?

Die Frage nach dem Umgang mit den Errungenschaften der pagan-antiken Kultur, wie sie sich in den *septem artes liberales / Sieben freien Künsten* und in der Philosophie niederschlug, hatte schon die Kirchenschriftsteller der Spätantike umgetrieben, und die programmatische Kontroverse über Ablehnung oder Anverwandlung zog sich über die Jahrhunderte. De facto setzten sich die Pragmatiker durch. Ein entscheidendes Votum für die Dienstbarmachung des antiken Erbes im Interesse des Christentums gab Augustinus (354–430) in seiner Schrift *De doctrina christiana* ab: Er plädierte dafür, sich das anzueignen, was der Sache nütze, und damit das Traditionsgut aus den Händen der unrechtmässigen Besitzer, der Heiden, in die der rechtmässigen, der Christen, zu überführen.

Wofür waren also die paganen Bildungsinhalte in christlichem Kontext gut? Die Künste des auf sprachliche Ausdrucksformen gerichteten Trivium (Grammatik, Rhetorik, Dialektik) halfen, Texte (so auch die Bibel) zu verstehen und auszulegen, wirkungsvoll zu formulieren (etwa in Predigten) und christliche Lehren überzeugend zu vertreten. Die Künste des Quadriviums (Arithmetik, Geometrie, Astrologie und Musik) liessen sich etwa für die Berechnung der Tageseinteilung oder des Osterdatums und davon abhängiger christlicher Festtage fruchtbar machen. Die propädeutische Funktion der *artes* hatte schon Cassiodor (um 485 – um 580) erkannt, der sich nach jahrzehntelanger Verwaltungskarriere unter den ostgotischen Königen im Alter auf sein Landgut Vivarium in Kalabrien zurückzog, um dort eine mönchische Gemeinschaft zu gründen. In seinen *Institutiones divinarum et saecularium litterarum* entwarf er ein monastisches Bildungsprogramm, das über Vivarium hinaus für Jahrhunderte Geltung behalten sollte. Auch das Kloster St. Gallen besass und besitzt immer noch eine Handschrift der *Institutiones* (Cod. Sang. 855; 9. Jahrhundert). Die Rolle der freien Künste bestimmte Cassiodor so:

«Da wir vieles sowohl in der Heiligen Schrift als auch bei den hochgelehrten Kommentatoren mittels der Redefiguren verstehen können, vieles durch Definitionen, vieles durch die Kunst der Grammatik, vieles durch die der Rhetorik, vieles durch die Dialektik, vieles durch die Wissenschaft der Arithmetik, vieles durch die Musik, vieles durch die Kunst der Geometrie, vieles durch die Astronomie, ist es nicht unnütz, im nachfolgenden Buch die Unterweisung der weltlichen Lehrmeister [...] kurz zu streifen. [...] Es unterliegt nämlich keinem Zweifel, dass das Wissen um solche Dinge [...] nicht gemieden werden sollte, da man ja solches Wissen überall in der Heiligen Schrift, gleichsam am Quellpunkt der allumfassenden und vollkommenen Weisheit, ausgebreitet findet.»[3]

Im Zusammenhang mit dieser Ausstellung ist unter den *septem artes* vor allem der Grammatikunterricht von Interesse, in dessen Rahmen die römischen *auctores* gelesen und kommentiert wurden. Im Umgang mit ihnen sollten künftige Mönche und Kleriker die sprachlichen Voraussetzungen für ein kompetentes Studium des Bibeltextes erwerben. In anachronistischer Abwandlung eines Diktums, das dem italienischen Bischof und Kirchenlehrer Petrus Damiani (um 1006–1072) zugeschrieben wird, spielt die Grammatik in diesem Sinne die Rolle einer *ancilla theologiae,* einer Magd der Theologie. Und die Theologie, oder: *sacra eruditio,* stand in der Hierarchie der christlichen Gelehrsamkeit an oberster Stelle. Ihre Grundlage bildete in Westeuropa bis in die Zeit der Reformation die lateinische Übersetzung des Alten und des Neuen Testaments.

Die Frage der Lateinkompetenz wurde auf dem Gebiet des vormaligen Imperium Romanum zum Problem in einer Zeit (7./8. Jahrhundert), in der germanische Völker und Sprachgemeinschaften wie die Franken an Einfluss gewannen, traditionelle Bildungsinstitutionen im Zuge des politischen Wandels einen Niedergang erlebten und neue Strukturen sich erst etablieren mussten. Mangelnde Lateinkenntnisse konnten in dieser Phase zu kirchenrechtlichen Kontroversen führen, die bis vor den Papst gelangten – so der berühmte Fall eines bayerischen Priesters, der im Jahr 746 eine

Notker mag. Pro pace a' solito scolarium oti
in clio post Epiphaniam.

Nunc Balaham mite tria munera ferre uenito.
Virginis infanti super omnia iure potenti.
Aurum. Thus. Myrram. Tenet ille polum. Mare. Terram.
Myrra notat mortem. Regem aurum. Thus deitatem.
Chaldea ueracem petiit face praeduce pacem.
Et puero pacis dat dona beanda tenacis.
Suppeditant festo tria gaudia pax pater esto.
Pax. Lauacrum. Vinum. Trinum testantur et unum.
Sic tibi cum festo sit portio laetior esto.
dialectice
Te mihi dans hodie. somnum concede Logice.
Rethor ... Gramaticae
Eloquii partes queant. Et Grammaticis artes.
Exporge frontem. Pegasi premat ungula fontem.
Somnia Parnasum faciant conuoluere casum.
parnasus ... Achi kant.
Conticeat biceps. Vtetur ab Ercule triceps.
Soluere Persioli hodie retinacula noli.
hodie
Victa Saba donis. Sit mutta cicuta Maronis.
p clero brusat ... in signum solent dici poete
Ponat et insanus Pharsalica signa Lucanus.

ta tius a cęna ieiunet sanguine plena

endantur flores uiolaria spinea flacci

sic quon clã fecit

Naso lętus melle. hodie procul exulet ille

nasoni in carmine

edeat equalem saties nisi iuuenalem.

idi sorte pares li beant si forte scolares

iplo cum quadruplo sibi col ludant sociato.

udicra sunt in eis quę cõpatriana sabeis.

quadruplũ i. quadruuiũ. triplũ. Grãmat. Dialect. Reth

llud Achamenidas sci &c. Hoc exercet Athenas.

triplũ quadruuiũ

llud Anaxagorã clarum facit. Hoc Zoroastrum.

ac galea lapidem pueri. plaudant tenelli.

dol ł bra uia

is stadiis metas tendant. his premia prendant.

os thalos iuuenis dextret. Manus uncta palestret.

orsa tegat nudus. solet lętis clã dare ludus.

ł que so

phebis nulla hodie sint oro flagella.

bstractis frenis nullisq; trahantur habenis.

ax sit ab urticis. ñ lędat spina uel unguis.

on hodie uerbũ puer audiat ullius acerbum.

ircator sileat. oculosq; uidendo reflectat.

pseq; ueracem nequeat peruertere pacem.

mihi donetur. hodie sibi talpa pitetur.

sprachlich fehlerhafte Taufformel verwendete: *Baptizo te in nomine patria et filia et spiritus sancti* («Ich taufe dich im Namen das Vaterland und die Tochter und des Heiligen Geistes»), was Bonifatius dazu bewog, den Priestern Virgilius, dem späteren Bischof von Salzburg, und Sidonius, dem späteren Bischof von Passau, aufzutragen, die Taufen mit korrekter Formel zu wiederholen. Nicht von diesem Vorgehen überzeugt, wandten sich die beiden an Papst Zacharias, der schliesslich gegen eine Wiedertaufe entschied, da der Priester nicht im Irrglauben, sondern aus purer Unkenntnis der lateinischen Sprache gehandelt habe: *pro sola ignorantia Romane locutionis.*[4]

Dass eine allgemein verbindliche und verständliche Sprache für die reibungslose Funktionsfähigkeit von Kirche und Reich vonnöten sei, erkannte kein Geringerer als Karl der Grosse. Zu den Massnahmen, die er ergriff, gehört unter anderem die in seinem Namen – wahrscheinlich von Alkuin – verfasste *Epistola de litteris colendis* aus dem Jahr 787, die zunächst an den Abt Baugulf von Fulda gerichtet war, aber einen weiteren Adressatenkreis im Blick hatte und auch erreichte. In dieser Epistel beklagt Karl den niedrigen Bildungsstand zwar durchaus wohlmeinender, gläubiger Mönche, die aber nicht zuletzt ob ihres mangelnden Ausdrucksvermögens nicht in der Lage seien, ihren geistlichen Aufgaben vollumfänglich gerecht zu werden. Diesen Missstand nahm er zum Anlass, die Stärkung lateinischer Sprachkompetenz in den Schulen, d. h. Klosterschulen, seines Reiches einzufordern:

«[…] wie die Ordensregel die sittliche Tugend, so soll auch das unermüdliche Lehren und Lernen die Verknüpfung der Wörter regulieren und ansprechend gestalten, damit diejenigen, die danach trachten, Gott durch ihre rechte Lebensweise zu gefallen, nicht versäumen, ihm auch durch ihre korrekte Sprache zu gefallen. […] Obwohl nämlich gutes Handeln besser ist als Wissen, so geht doch das Wissen dem Handeln voraus. Es muss in der Tat ein jeder lernen, was er auszuführen wünscht, damit seine Seele umso besser versteht, was sie zu tun hat, je ungehinderter von Irrtümern die Zunge zum Lob des allmächtigen Gottes beiträgt. […] Daher fordern wir euch auf, das Studium der sprachlichen Wissenschaften nicht nur nicht zu vernachlässigen, sondern vielmehr in demütigstem und gottgefälligem Bemühen eifrig zu lernen, damit ihr die Geheimnisse der Heiligen Schriften leichter und besser durchdringen könnt.»[5]

Und Karls Einsatz für eine Reform oder *correctio* zeitigte Wirkung. Bis ab dem Hochmittelalter mit Kathedralschulen, städtischen Einrichtungen und Universitäten weitere Bildungsinstanzen hinzukamen, blieb das Kloster *die* Stätte der Gelehrsamkeit schlechthin. Hier fanden insbesondere diejenigen Werke der antiken *auctores* Aufnahme, die im Rahmen der Ausbildung in den *septem artes liberales* für das zeitgenössische Bildungssystem brauchbar waren.

Vorangehende Doppelseite:
St.Gallen, Stiftsbibliothek
Cod. Sang. 393, S. 257–258
Pergament, 264 Seiten
20.5–21 × 16–16.5 cm
Kloster St.Gallen, um 1010–1060

Ekkeharts Vakanzlied in seinem *Liber benedictionum.* Die anfangs übersetzten Verse stehen auf S. 257, Z. 18 – S. 258, Z. 4.

Gegenüberliegende Seite:
St.Gallen, Stiftsbibliothek
Cod. Sang. 864, S. 119
Pergament, 406 Seiten
21–22.5 × 13–14.5 cm
Kloster St.Gallen (?), 11./12. Jahrhundert

Eine besonders dicht glossierte Seite zu Beginn einer Abschrift von Lucans *Pharsalia,* seinem Epos über den Bürgerkrieg zwischen Caesar und Pompeius (49–45 v. Chr.).

Bella per emathios plusquam ciuilia campos
Iusque datum sceleri canimus. populumque potentem
In sua uictrici conuersum uiscera dextra.
Cognatasque acies. et rupto federe regni
Certatum totis concussi uiribus orbis
In commune nefas. infestisque obuia signis
Signa pares aquilas. et pila minantia pilis.
Quis furor o ciues? que tanta licentia ferri?
Gentibus inuisis latium prebere cruorem.
Cumque superba foret babylon spolianda tropheis
Ausoniis. umbraque erraret crassus inulta.
Bella geri placuit nullos habitura triumphos.
Heu quantum terre potuit pelagique parari
Hoc quem ciuiles hauserunt sanguine dextre.
Unde uenit tytan. et nox ubi sidera condit.
Quaque dies medius flagrantibus estuat horis.
Et qua bruma rigens ac nescia uere remitti
Astringit scythicum glaciali frigore pontum.
Sub iuga iam seres iam barbarus isset araxes.
Et gens siqua iacet nascenti conscia nilo.
Tunc si tantus amor belli tibi roma nefandi.
Totum sub latias leges cum miseris orbem.
In te uerte manus. nondum tibi defuit hostis.
At nunc semirutis pendent quod menia tectis
Urbibus italie. lapsisque ingentia muris
Saxa iacent. nulloque domus custode tenetur.
Rarus et antiquis habitator in urbibus errat.
Horrida quod dumis multosque inarata per annos
Hesperia est. desuntque manus poscentibus aruis.
Non tu pyrre ferox. nec tantis cladibus auctor
Penus erit. nulli penitus discindere ferro
Contigit. alta sedent ciuilis uulnera dextre.

Zu den im Vakanzlied Ekkehards IV. genannten Autoren gehörte im Kanon der mittelalterlichen Schullektüre, der freilich über die Zeit gewissen Schwankungen unterworfen war, konstant auch Cicero, vor allem mit seinen Einführungen in die Rhetorik *De inventione* und *Rhetorica ad Herennium*, welche letztere ihm im Mittelalter fälschlich zugeschrieben wurde. Ein wichtiges umfassendes Lehrbuch der Redekunst sind auch die *Institutiones oratoriae* Quintilians. Von ihrer Benutzung in der St.Galler Schule zeugt ein Manuskript mit zahlreichen Marginal- und Interlinearglossen von der Hand Ekkehards IV., der wahrscheinlich auch die Bücher 11 und 12 geschrieben hat (heute ZB Zürich, Ms. C 74a [als Dauerleihgabe in der Stiftsbibliothek St.Gallen]). Kontinuierlich im Lehrplan vertreten waren auch der Historiograph Sallust und der Komödiendichter Terenz, den insbesondere seine gepflegte Sprache empfahl. Ekkehards Lehrer Notker Labeo erwähnt in einem Brief an den Bischof Hugo von Sitten als didaktisches Novum im Sinne einer Hilfestellung für die Schüler neben Übertragungen anderer antiker Werke auch die Übersetzung der *Andria* ins Althochdeutsche.[6] Ob diese Übersetzung nur geplant war oder tatsächlich durchgeführt wurde und verloren gegangen ist, ist umstritten.

Dass all diese Klassiker trotz ihrer Verhaftung in der paganen Welt im christlichen Schulunterricht ihren Platz fanden, hängt – neben den Empfehlungen eines Augustinus oder Cassiodor – damit zusammen, dass sie schon früh allegorisch interpretiert wurden. So verstand etwa der spätantike Mythograph Fulgentius (Ende des 5. / Anfang des 6. Jahrhunderts) Vergils *Aeneis* in seiner *Expositio Virgilianae continentiae secundum philosophos moralis* als Sinnbild für den Weg des Menschen zur christlich-moralischen Perfektion. Und Theodulf von Orléans (um 750/60–821), Gelehrter aus dem Kreis um Karl den Grossen, führte in seinem Gedicht *De libris, quos legere solebam et qualiter fabulae poetarum a philosophis mystice pertractentur*[7] vor, wie die Mythen der Dichter von den Gelehrten im Hinblick auf ihren verborgenen Sinn interpretiert werden sollten, so dass selbst den «Lügen» des «geschwätzigen Naso» eine christlich kompatible Wahrheit entlockt werden konnte. In der Schultradition schlug sich dieser Ansatz in den sog. *accessus ad auctores* nieder, Einführungen in Leben und Werk, in denen pagane Dichtung regelmässig dem Bereich der Ethik zugeordnet wurde, die «gute Sitten lehrt und Übel ausrottet». Mit solchen ‹Gebrauchsanweisungen› versehen, liessen sich etwa Ovids *Heroides*, Versepisteln aus der Feder verlassener Frauen aus dem antiken Mythos, als positives Beispiel für Gattentreue (Penelope) oder als abschreckendes Beispiel für die verheerenden Folgen illegitimer Leidenschaft (Phädra) lesen.

Aber die mittelalterlichen Klosterbibliotheken beherbergten nicht nur Schulautoren im engeren Sinne. Als sich ab dem 15. Jahrhundert Humanisten auf die Suche nach seltenen oder gar nach zeitgenössischem Kenntnisstand verschollenen Klassikertexten machten, tauchten in St. Gallen Handschriften etwa der *Argonautica* des Valerius Flaccus auf, ebenso der Bücher *De architectura* des Vitruv und des Kommentars des Asconius Pedianus zu einigen Ciceroreden, die zum Teil nur dank ebendieses Kommentars – zumindest fragmentarisch – erhalten sind. Von diesen Funden berichtet in einem Brief der päpstliche Sekretär Cincius Romanus, der sich vom Konstanzer Konzil (1414–1418) aus im Gefolge des berüchtigten ‹Handschriftenjägers› Francesco Poggio Bracciolini zum Gallus-Kloster aufmachte.[8] Wenn Cincius auch die zeitgenössischen Verhältnisse in der Bibliothek als desolat schildert (Staub, Ungeziefer, ...) und in guter humanistischer Manier das Barbarentum der Mönche beklagt – ob zurecht oder zu Unrecht, sei dahingestellt –, so dokumentiert sein Bericht doch, dass Klosterbibliotheken bis zum Ausgang des Mittelalters ein Ort und ein Hort waren, an dem das literarische Erbe der klassischen Antike überleben oder wenigstens überdauern konnte. Und St. Gallen gehört zu den prominentesten dieser (H)Orte.

Die St. Galler Vergil-Fragmente

Franziska Schnoor

Die St. Galler Vergil-Fragmente, auch *Vergilius Sangallensis* genannt, sind eine besonders wertvolle Rarität: Sie stammen aus dem späten 4. oder dem 5. Jahrhundert und gehören damit zu den allerältesten Fragmenten in der Stiftsbibliothek und zu den ältesten Zeugnissen der Werke Vergils.[9] Ausserdem sind sie in einer aussergewöhnlichen Buchschrift geschrieben, der sogenannten Capitalis quadrata. Diese Grossbuchstabenschrift imitiert die römische Capitalis monumentalis, also die Schrift der in Stein gemeisselten Inschriften.[10]

Ausser den St. Galler Fragmenten existieren weltweit nur noch Fragmente von zwei weiteren Handschriften in dieser Schriftart: der sogenannte *Vergilius Augusteus* mit insgesamt sieben Blättern, die sich auf die Biblioteca Apostolica Vaticana in Rom (Vat. lat. 3256) und die Staatsbibliothek Preussischer Kulturbesitz in Berlin (Ms. lat. fol. 416) verteilen,[11] und ein nur acht Zeilen hohes Pergamentfragment, das im ägyptischen Oxyrhynchus gefunden wurde und heute in Kairo aufbewahrt wird (P. Oxy. 1098, Kairo, Ägyptisches Museum, JE 47435).[12]

Die Handschrift war ursprünglich eine Gesamtausgabe der Werke Vergils. Sie enthielt die *Bucolica* («Hirtengedichte»), die *Georgica*, ein Lehrgedicht über die Landwirtschaft in vier Büchern, und die *Aeneis*, Vergils grosses Heldenepos über Aeneas, den mythischen Ahnherrn des römischen Volks. Im Originalzustand hat sie wahrscheinlich etwas mehr als 340 Blätter umfasst.[13] Davon sind heute nur noch elf Blätter und einige kleine Fragmente eines zwölften Blatts erhalten: ein Blatt, das zwischen den *Bucolica* und den *Georgica* stand,[14] drei Blätter aus dem 4. Buch der *Georgica* sowie sieben Blätter und ein paar Bruchstücke mit Versen aus den Büchern 1, 3, 4 und 6 der *Aeneis*.

Wann der Codex nach St. Gallen kam und ob er überhaupt als vollständige Handschrift ins Kloster kam oder nur in Form von einzelnen Blättern daraus, wissen wir nicht. Im frühen 13. Jahrhundert wurden einige Seiten mit liturgischen Texten neu beschrieben, und im 15. Jahrhundert wurden Blätter des Codex als Einbandmaterial für Handschriften der Klosterbibliothek verwendet. Etwa zwischen 1780 und 1785 löste Ildefons von Arx gemeinsam mit Klosterbibliothekar Johann Nepomuk Hauntinger diese Blätter aus den verschiedenen Handschriften wieder heraus[15] und stellte sie 1822 in einem Fragmentenband (Cod. Sang. 1394) zusammen, gemeinsam mit weiteren teils sehr alten Fragmenten, zum Beispiel aus einer Handschrift des 5. Jahrhunderts mit den Evangelien in der ältesten lateinischen Übersetzung (*Vetus Latina*). Diesen Band widmete er Hauntinger, seinem Vorgänger im Amt des Stiftsbibliothekars.

Eine Seite aus der *Aeneis*

Auf dieser Seite mit Versen aus Vergils grossem Epos *Aeneis* (3, 210–226)[16] kann man die Besonderheiten der Schriftart Capitalis quadrata gut erkennen und erahnen, wie prächtig der Codex aussah, als er noch vollständig war.

Schon der Name *Capitalis quadrata* liefert die zentralen Informationen über diese selten gebrauchte Schriftart: Sie besteht vollständig aus Grossbuchstaben *(Capitalis)* und die meisten Buchstaben sind etwa so breit wie hoch, lassen sich also in ein Quadrat einfassen *(quadrata)*. Da sie eine in Stein gemeisselte Schrift imitiert, nimmt sie keine Rücksicht auf die Bedürfnisse des Schreibens mit Rohrfeder und Tinte auf Pergament. Die senkrecht stehenden Schäfte werden bald mit der Schmalseite der Feder als dünne Haarstriche gezogen (beim N), bald mit der ganzen Breite der Feder (bei D, E, F, I, L, P oder R). Ein Schreiber muss den Federwinkel und damit auch die Position der Hand ständig wechseln. Flüssiges und bequemes Schreiben ist so nicht möglich.

Obgleich die Buchstabenformen klar und eindeutig sind, können beim Lesen der Verse Probleme auftreten. Wie man sieht, haben die Schreiber zwischen den Wörtern keine Abstände gelassen. Wortabstände waren in der Antike und Spätantike noch nicht üblich, man schrieb in fortlaufender Schrift *(scriptura continua)*. Erst im Frühmittelalter wurden nach und nach Wortabstände eingeführt, um das Lesen in der Fremdsprache Latein zu erleichtern.

Das ursprüngliche Seitenformat lässt sich, da wir es mit Fragmenten zu tun haben, nur schätzen. Der Schriftraum beträgt ca. 22.5 × 27 cm. Anhand der Breite der erhaltenen Seitenränder und des Verhältnisses zwischen Schriftraum und Rändern in anderen spätantiken Handschriften kann man annehmen, dass die Blätter im Originalzustand rund 35.5–37.5 × 39–40.5 cm gross waren. Auf jeden Fall waren sie annähernd quadratisch.

Das grosse Seitenformat und die breiten Ränder zeigen, dass es sich um ein Luxusobjekt handelte – mehr als die Hälfte jedes Pergamentblatts wurde als leerer Rand «verschwendet». Was man in einer Luxusausgabe ausserdem erwarten könnte, nämlich aufwendige Initialen oder Illustrationen, findet man hier allerdings nicht. Das könnte ein Hinweis auf eine frühe Entstehungszeit sein, als sich Zierinitialen noch nicht eingebürgert hatten, und vielleicht auch auf einen Auftraggeber, der eine schlichte Ausgabe ohne Zeichnungen heidnischer Motive schätzte. Dass die Fragmente an einigen Stellen wertvolle Lesarten aufweisen, zeigt wiederum, dass die Handschrift kein reines Repräsentationsobjekt war, sondern durchaus gelesen werden sollte. Ein denkbarer Auftraggeber wäre Papst Damasus I. (reg. 366–384), der in seinen eigenen Gedichten immer wieder Vergil zitiert, also mit Sicherheit einen Codex mit Vergils Werken besessen hat.[17]

St. Gallen, Stiftsbibliothek
Cod. Sang. 1394, S. 7–48
(S. 15)
Pergament, 12 Blätter
25.5–26 × 35 cm
Italien, 350/400 oder
5. Jahrhundert

Aeneas und seine Gefährten auf den Strophaden-Inseln, wo die Harpyien hausen (Aeneis 3, 210–226).

Aeneid. lib. 3. v. 210.

XCIPIVNTSTROPHADESGRAIOSTANTNOMINEDICTAE
NSVLAEIONIOINMAGNOQVASDIRACAELAENO
HARPYIAEQVECOLVNTALIAEPHINEIAPOSTQVAM
CLAVSADOMVSMENSASQVEMETVSLIQVEREPRIORES
RISTIVSHAVTILLISMONSTRVMNECSAEVIORVLLA
PESTISETIRADEVMSTYGIISSESEEXTVLITVNDIS
VIRGINEIVOLVCRVMVVLTVSFOEDISSIMAVENTRIS
PROLVVIESVNCAEQVEMANVSETPALLIDASEMPER
ORAFAME
HVCVBIDELATIPORTVSINTRAVIMVSECCE
LAETABOVMPASSIMCAMPISARMENTAVIDEMVS
CAPRIGENVMQVEPECVSNVLLOCVSTODEPERHERBAS
INR[illegible]VIMVSFERROETDIVOSIPSVMQVEVOCAMVS
INPARTEMPRAEDAMQVEIOVEMTVMLITORECVRVO
EXTRVIMVSQVETORODAPIBVSQVEEPVLAMVROPIMIS
ATSVBITAEHORRIFICOLAPSVDEMONTIBVSADSVNT
HARPYIAEETMAGNISQVATIVNTCLANGORIBVSALAS

Eine Seite aus den *Georgica*, überschrieben mit liturgischen Texten

Bei dieser Seite aus den *Georgica*, Vergils Lehrgedicht über die Landwirtschaft, fällt auf den ersten Blick auf, dass eine Hälfte der Seite ein Palimpsest ist, die Schrift also zu einem späteren Zeitpunkt getilgt und mit anderen Texten überschrieben wurde. Die oberen Texte auf dieser Seite sind die sogenannten monastischen Cantica, hier für Ostern und Apostelfeste. Sie wurden von den Mönchen in der dritten Nokturn des nächtlichen Stundengebets gesungen.

Auch auf den übrigen Blättern aus den *Georgica* wurden Vergils Verse getilgt und mit liturgischen Texten überschrieben. Die Palimpsest-Seiten bildeten zusammen ein kleines Heft mit allen Cantica des Alten und Neuen Testaments, die üblicherweise in einem liturgisch genutzten Psalter auf die 150 Psalmen folgen.[18] Dafür wurden die grossen Blätter der Vergil-Handschrift gefaltet. Der Falz ist in der Mitte des Blatts zu erkennen und man sieht auch die Schnitte für die Heftfäden. Das Heft aus neu beschriebenen Blättern diente seit dem frühen 13. Jahrhundert entweder als Ergänzung zu einem im 10. Jahrhundert geschriebenen Psalter (Cod. Sang. 18) oder als Ersatz für eine dort verlorengegangene Lage mit den Cantica.

Derselbe Schreiber hat auch innerhalb des Psalters in Cod. Sang. 18 ein paar Seiten ersetzt und weitere Handschriften der Klosterbibliothek (Cod. Sang. 45; Zürich, Zentralbibliothek, Ms. C 57) mit Blättern aus alten Codices ergänzt. Er hat dabei nicht nur auf Vergil-Fragmente zurückgegriffen, sondern auch auf ein griechisch-lateinisches Evangeliar, das er zum Beispiel zum Ergänzen der fehlenden Seiten im Psalter Cod. Sang. 18 benutzt hat. Es macht fast den Anschein, als hätte der Schreiber einen Stapel alter Pergamentblätter vor sich gehabt, aus dem er sich bediente, und keine vollständigen Handschriften. Vielleicht befand sich der *Vergilius Sangallensis* nie als kompletter Codex in St. Gallen, sondern von Anfang an nur in Form von einzelnen Blättern. Denkbar wäre auch, dass die Handschrift zu einem unbekannten Zeitpunkt nach St. Gallen kam, dort schon früh auseinandergenommen wurde und seitdem als ein Haufen Pergamentmakulatur ihr Dasein fristete. Im Laufe der Jahrhunderte könnte dann ein Grossteil der Blätter abhandengekommen und der Rest durcheinandergeraten sein. Das würde erklären, warum für die Seiten mit den Cantica keine ursprünglich aufeinanderfolgenden Blätter benutzt wurden.

Der Schreiber, der die liturgischen Texte auf der abgebildeten Seite geschrieben hat, war vermutlich kein Mönch des Klosters, sondern ein Weltkleriker, der in Diensten des Klosters stand. Im 13. Jahrhundert übernahmen Weltkleriker viele Aufgaben der Mönche, die diese – unter anderem aus Mangel an Bildung – nicht mehr selbst erfüllen konnten.[19]

St. Gallen, Stiftsbibliothek
Cod. Sang. 1394, S. 7–48 (S. 39)
Pergament, 12 Blätter
25.5 × 35 cm
Untere Schrift: Italien, 350/400 oder 5. Jahrhundert
Obere Schrift: Kloster St. Gallen, Anfang 13. Jahrhundert

Eine Seite aus den *Georgica*, die im 13. Jahrhundert mit liturgischen Texten überschrieben wurde.

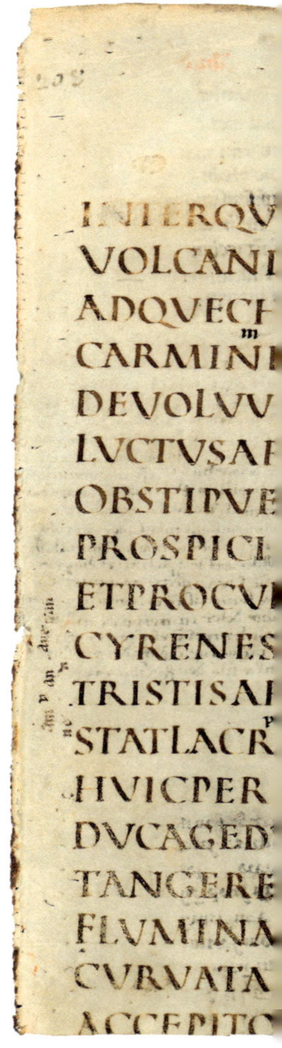

an

CVRAMCLYMENENA
RTISQ·DOLOSETDVLCIA
DENSOSDIVVMNVM
VOCAPTAEDVMFVSIM
ITERVMMATERNASIN
TAEIVITREISQ·SEDILI
SEDANTEALIASARE
SVMMAFLAVVMCA
EMITVNONFRVSTRA
ORIPSETIBITVAMAX
TAEVSPENEIGENITOR
ANSETTECRVDELEM
SSANOVAMENTEMF
DNOSFASILLILIMIN
SIMVLALTAIVBETDIS
AIVVENISGRESSVSI
MONTISFACIEMCIRC
SINVVASTO

mee uenit· Circumspexi et n̄ erat auxiliator· quesiui et n̄ fuit qui adiuua
ret· Et saluabit m̄ brachiū meū· et indignatio mea ipa auxiliata ē michi;
V. uenite et reuertam̄ ad dnm̄· quia ipe cepit et sanabit nos· pcutiet et cura alud.
bit nos· Viuificabit nos p̄ duos dies· in die tcia suscitabit nos· et uiuemus
in conspectu ei; sciem̄ sequem̄q; ut cognoscam̄ dnm̄· Quasi diluculo pparat̄ ē egress̄
ei· et ueniet nobis qi ymber temporanē et serotin̄ t̄re· Quid facia̧ t̄ effraī
qd facia̧ t̄ iuda· mīa uīa qi nubes matutina et qsi ros mane ptransiens;
Propt̄ hoc dolaui in pphetis· et occidi eos in u̇b̄ meis· et iudicia mea qi lux egre
dientur· Quia mīam uolui et n̄ sacrificiū· et scientiā di plus quā holocausta;
E xpecta me dic̄ dns in die resurrectionis me in futurū· quia iudiciū meum al.
ut cōgregē gentes et colligā regna· Et effundā sup eos indignationē meā· et
omnē irā furoris mei· In igne enī zeli mei deuorabit̄ oīs t̄ra· qa tunc
reddā ppłis labiū electū ut uocent oēs in nomine dni̅ et seruiēt ei humero uno
Vlt̄ flumina ethiopie inde supplices mei· filii dispsoꝝ meoꝝ deferent
mun̄ m̄; In die illa n̄ confundis sup cunctis adinuentionib; tuis· qb̄ puari
cata es in me· Quia tunc auferā de medio tui magniloq̄s supbie tue· et n̄ adicies
exaltari ampli̇ in monte sc̄o meo; Et derelinquā in medio tui ppłm paupē
et egenū· et sꝑabunt in nomine dni̅ reliq̄e isrl̄· Non facient iniquitatē n̄ loqn
tur mendatiū· et n̄ inueniet̄ in ore eoꝝ lingua dolosa· Quo ipi pascentur et
accubabunt· et n̄ erit q̄ exterreat; Cantica de aplis
V. uos sc̄i dni̅ uocabim̄ ministri dī nri· Vacet uob̄ fortitudinem
gentiū comedetis· et in glā eoꝝ supbietis· Pro confusioē uīa duplici
et rubore laudabunt partē eoꝝ· Propterea in t̄ra sua duplicia possidebunt·
letitia sempit̄na erit eis· Quia ego dns diligens iudiciū· et odio habēs
rapinā in holocaustū· Et dabo op̄ eoꝝ in ueritate· et fedꝰ ppetuū feriā eis·
Et sciet̄ in gentib; semī eoꝝ· et germ̄ eoꝝ in medio ppłoꝝ· Omś enī q̄ uiderit
eos cognoscent illos· qa isti s̄ semī cui benedixit dns; aliud.
F ulgebunt iusti· et tamquā scintille in arundineto discurrent· Iudicab̄
nationes et dn̄abunt ppłis· et regnabit dns illoꝝ in ppetuū· Qui con
fidunt in dn̄o intelligent ueritatē· et fideles in dilectione acq̄escent illi;
Quo donū et pax ē electis dei; aliud.
R edder ds̄ mercedē laboꝝ scoꝝ suoꝝ· et deducet illos in uia mirabi
li· Et fuit illis in uelamento diei· et in luce stellaꝝ nocte· Transtulit illos

Abklatsche einiger Verse aus der *Aeneis* und ein neuentdecktes Fragment

Ausser den Blättern, die seit dem 13. Jahrhundert in den Psalter Cod. Sang. 18 eingebunden gewesen waren (siehe oben S. 20), löste Ildefons von Arx weitere Vergil-Fragmente aus Handschriften heraus, wo sie als Spiegelblätter oder Vorsatzblätter gedient hatten. Da von Arx kaum dokumentierte, aus welchem Codex er die Blätter entnahm, ist ihre Herkunft nicht mehr vollständig zu bestimmen.

Zwei Blätter (S. 15/16 und 19/20) klebten auf den Innenseiten der Buchdeckel des Goldenen Psalters (Cod. Sang. 22).[20] Ein Blatt (S. 7/8) diente als Vorsatzblatt in Cod. Sang. 166, wie man an der Signatur «166» erkennt, die in roter Tinte unten links auf S. 8 steht. Ein Blatt (S. 23/24) war das vordere Spiegelblatt in Cod. Sang. 63. Der Abklatsch auf der Innenseite des Vorderdeckels ist noch deutlich zu erkennen. Die vier kleinen Fragmente, die heute gemeinsam S. 32a/b bilden, dienten in Cod. Sang. 248 als Falzverstärkung.[21] Sie enthalten auf der Vorderseite Teile von Aeneis 6, 655–659, auf der Rückseite von Aeneis 6, 674–678. Teile der direkt anschliessenden Verse, Aeneis 6, 679–681 und 682–684, sind nur noch in Form von zwei kleinen Abklatschen auf dem hier abgebildeten Vorsatzblatt von Cod. Sang. 275 enthalten. Sie scheinen dort zum Überkleben grösserer Löcher gedient zu haben.

Insgesamt lassen sich also fünf Handschriften mit Sicherheit bestimmen, in denen Vergil-Fragmente als Makulatur dienten: Cod. Sang. 22, 63, 166, 248 und 275. Mit Ausnahme von Cod. Sang. 22 gehören diese Codices alle dem von Philipp Lenz in Anlehnung an János A. Szirmai so bezeichneten Einbandtyp A an. Diese Einbände wurden unter dem Pfleger und späteren Abt Ulrich Rösch etwa zwischen 1458 und 1461 hergestellt.[22] Die Neubindung und Reparatur älterer Handschriften gehörte zu den Massnahmen, mit denen Ulrich Rösch die Bibliothek förderte.[23]

Ein winziges Fragment wurde erst 2022 im Zuge der Vorbereitung der Faksimile-Edition entdeckt: In der linken unteren Ecke von Cod. Sang. 275, S. 1, klebt noch ein kleiner Schnipsel, auf dem nur die jeweils vordere Hälfte von drei Buchstaben lesbar ist. Der erste Buchstabe war sicher ein H, der zweite oder dritte könnte jeweils ein C, O oder Q gewesen sein. Vermutlich enthielt es den Beginn der Verse Aeneis 6, 660–662 (H, Q, Q). Das Pergamentstückchen hätte sich dann ursprünglich neben dem fast quadratischen Fragment befunden, von dem nur noch der Abklatsch zu sehen ist.[24] Diese Entdeckung zeigt einerseits, dass selbst bei gut erforschten Handschriften wie dem *Vergilius Sangallensis* immer noch Überraschungsfunde möglich sind, und andererseits, dass bei den Reparaturen von Handschriften unter Abt Ulrich Rösch einzelne Seiten älterer Codices richtiggehend zerstückelt wurden, um Löcher oder Risse zu flicken.[25]

St. Gallen, Stiftsbibliothek Cod. Sang. 275, S. 1 (Vorsatzblatt)
302 Seiten, 23.5 × 32 cm
Westfränkischer Raum (Tours?), 800/830

Auf dem Vorsatzblatt dieser Handschrift mit der Auslegung des Johannesevangeliums durch Alkuin von York (um 730–804) sind zwei Abklatsche von Fragmenten sowie ein drittes, winziges Fragment des *Vergilius Sangallensis* zu erkennen.

Commentarius in Joannē
Alcuini,
una cum Homiliâ
in eiusdem Apostoli Natali.

Satire und Komödie

Franziska Schnoor

Das Lachen in verschiedenen Ausprägungen verbindet die Texte, die hier vorgestellt werden, Satiren und eine Komödie.

Die heute allgemein anerkannte Theorie zur Herkunft des Worts *satira* führt diese auf die *satura (lanx)* zurück, eine «Fruchtschüssel, mit allerlei Früchten angefüllt, wie man sie den Göttern jährlich darbrachte», im übertragenen Sinne auch ein «Allerlei».[26]

Die Gattung der römischen Verssatire wurde durch Lucilius (nach 180–103 v. Chr.) begründet, von dessen Satiren in 30 Büchern nur rund 1'300 Verse als Zitate in den Werken späterer Autoren überliefert sind. Die Hauptvertreter der Gattung sind die drei grossen Dichter Horaz (65–8 v. Chr.), Persius (34–62 n. Chr.) und Juvenal (um 60–132 n. Chr.). In seinem Rhetorik-Lehrbuch sagt Quintilian (um 35 – um 96 n. Chr.) stolz über die Verssatire: *satura quidem tota nostra est* («Die Satire aber gehört ganz uns»).[27] Er meint damit, dass diese Textsorte keine griechischen Wurzeln hat, anders als zum Beispiel die Tragödie, die Komödie oder das Epos.

Satire übt mit Spott oder Empörung Kritik an Einzelpersonen, Personengruppen oder Verhaltensweisen. Die Satiriker versuchen, die Leserinnen und Leser durch Übertreibung und Überzeichnung für sich zu gewinnen.[28] Diese sollen möglichst gar nicht merken, dass sie der Kritik zustimmen, bis es zu spät ist. Dann bleibt ihnen das Lachen vielleicht in der Kehle stecken, wenn sie plötzlich realisieren, dass sie selbst gemeint sind.

Satire kann gefährlich sein, wenn sie Mächtige angreift. Verschiedene Autoren verfolgten unterschiedliche Strategien, mit dieser Gefahr umzugehen: Lucilius war als römischer Bürger und Grossgrundbesitzer wohl in einer so sicheren Stellung, dass er es wagen konnte, scharfe Kritik zu üben. Horaz hingegen formulierte seine Kritik milder und mehr mit einem Augenzwinkern, und er richtet sie überwiegend an einflusslose oder schon verstorbene Personen oder sogar an sich selbst als einen Vertreter der Normalbürger. Juvenal bezieht seine konkreten Beispiele aus der Vergangenheit und greift verstorbene Personen an, und auch Seneca schreibt über Kaiser Claudius erst nach dessen Tod.

Eine wichtige Rolle spielt das Lachen auch in der Komödie. In der Stiftsbibliothek sind nur die Komödien des Terenz (195/194 oder 185/184–159 v. Chr.) in Fragmenten des 10. Jahrhunderts und in einigen spätmittelalterlichen Handschriften überliefert. Seine Theaterstücke bilden das Alltagsleben ab, häufig mit verwickelten Liebesgeschichten, die zum Lachen reizen sollten. Aus heutiger Sicht sind allerdings manche Elemente der Terenz'schen Komödien nicht zum Lachen, vor allem die immer wieder vorkommenden Vergewaltigungen, die oft die Handlung vorantreiben.

«Lachend die Wahrheit sagen»: Die Satiren des Horaz

St. Gallen, Stiftsbibliothek
Cod. Sang. 868, S. 142
Pergament, 205 Seiten
9.5–14.5 × 7.5–12 cm
Kloster St. Gallen,
12. Jahrhundert

Der Beginn eines Kommentars zu den Satiren von Horaz in einer Schulhandschrift mit Kommentaren zu Werken von Horaz und Persius.

Aus den Satiren des Horaz (65–8 v. Chr.) stammt das geflügelte Wort *ridentem dicere verum* («lachend die Wahrheit sagen»), das oft zur Charakterisierung seines Satirenstils verwendet wird, besonders in Abgrenzung zu den boshafteren Texten des Juvenal. In Satire 1, 1 vergleicht er diese Art, die Wahrheit zu sagen, mit der Strategie von Lehrern, die ihren Schülern das Lernen des ABC mit Süssigkeiten schmackhaft machen: *[...] quamquam ridentem dicere verum / Quid vetat? ut pueris olim dant crustula blandi / Doctores, elementa velint ut discere prima* («indessen die Wahrheit lachend zu sagen, was verbietet's? Wie Lehrer den Knaben Kuchen bisweilen schmeichelnd schenken, damit sie die ersten Buchstaben lernen»; 1, 1, 24–26).[29]

Horaz will mit seiner Strategie sein Publikum in die Irre führen. Dieses soll dem Satiriker zustimmen und erst dann merken, dass es eigentlich selbst gemeint ist. So heisst es in der ersten Satire, die sich gegen Geizhälse richtet, unvermittelt: *quid rides? mutato nomine de te / fabula narratur* («du lachst? Der Name ist anders, doch geht die Geschichte dich an»;[30] 1, 1, 69–70). Auch die Form trägt dazu bei, die Lesenden einzulullen und so zum Zustimmen zu bewegen: Horaz nennt seine Satiren *sermones* («Gespräche»), und tatsächlich sind viele als Unterhaltung zwischen dem Dichter und einer anderen Person formuliert.[31] Auf diese Art behandelt er weit verbreitete Laster wie Habgier, Ehebruch, Selbstgerechtigkeit, Ehrgeiz, Aberglaube und Schlemmerei. Auch Schwätzer, Erbschleicher und Emporkömmlinge nimmt er aufs Korn.

Die Handschrift Cod. Sang. 868 enthält nicht die Satiren selbst, sondern einen Kommentar zu den Satiren und anderen Werken des Horaz sowie zu den Satiren des Persius.[32] Er ist extrem klein geschrieben: Im Persius-Kommentar stehen auf nur 14.5 cm hohen Seiten bis zu 110 Zeilen, und auch im Horaz-Kommentar sind die Buchstaben nicht viel grösser. Man sieht, dass es sich nicht um eine repräsentative Handschrift handelt, sondern um ein Buch für die Schule. Die Seiten wurden bis auf den letzten Millimeter vollgeschrieben, um am kostbaren Pergament zu sparen.

Der Kommentar beginnt mit einer Erklärung der Bezeichnung *sermones*, die Horaz für seine Satiren gewählt hat: *Hoc opus, ut titulus indicat, vocatur liber sermonum, eo quod Horatius in hoc opere, ut semper satiram decet, vulgari sermone loquitur. Sermo enim vocatur usus cottidianę locucionis* («Dieses Werk heisst, wie der Titel zeigt, ‹Buch der Gespräche›, weil Horaz in diesem Werk, wie es für die Satire stets angemessen ist, in Umgangssprache spricht. ‹Gespräch› nennt man nämlich den Gebrauch der alltäglichen Sprache»).[33]

Q[illegible] vi sit. ho op in titul indicat uocat lib sermonu eo q hor ibi op[illegible] sep[illegible]
[illegible] decet uulgari sermone loqi. sermo n uocat unus cotidiane locucionis [illegible] regio
[illegible] uocant[illegible] i capitu ihumilis sermo. S. ne credas ut q dicim cu uulgari sermone
[illegible] libru ut ista leui itelligi. Vo n sermo uulgaris e[illegible] tn artificiose narracio
[illegible] Est aut n solu op i certa hor opa satira qd neq e ode ut ubi de eis rclam pbatu
[illegible] poeta ne iabica nec eple ubi neq humile gnus locucionis e neq reprehende itende s
[illegible] ad uiam uirtute pelluc. hic feditate uicior nude noauis ab eis ret[illegible] ibi uenit
[illegible] uirtutu dignitate ex pmens ad eas nut[illegible] icendit. Sr hac aut pma satira reprehndit
[illegible] stabiles i officiis. stabiles v iauaricia. Amirando qrens qr sint ita istabiles. p q osten
[illegible] q ue uiciu ee sic loqns ad mecenate. n q mecenate istabile t auaru i telligi ue
[illegible] q solem aliqn uni inpone q tn [illegible] o uolum itelligi. o q[illegible] et nas[illegible] q v qm sit
[illegible] nemo uiuat. itent illa sorte v officio. officiu ido uocat sorte. q antiq sorte eligebant
[illegible] ficia pueris suis. n n satis 9fidebant [illegible] sue pu[illegible]dicie. sorte dico. q sorte s dedit sea
[illegible] cio. seu s obie. Qd q officiu eligit t sorte t racioe. R. cioe dnr illa eligi q pat pru
[illegible] ens utilia puero destinat ipsi puero. Sorte aut dnr illa eligi q pat neq ipse puer
[illegible] udat utilia s p aliqm euentu euener ei. Vt milei [illegible] s n elegerat s officiu mona
[illegible] s euen ut amitteret manu. t n posset ee miles. i peuentu illu fact e monachus
[illegible] uiuat itent. S. poet laudet ch s o fortunati. ostendit i partib q laudat diuisa leg
[illegible] les g uis an fract[illegible] mem labore. ti cause qr laudet diu. Oercatoz du milicia i poci
[illegible] mcata. Austris iactantib naue. e causa qr laud[illegible] officiu militis. Ve i pocior. u
[illegible] na qd e qr n sit pocior. Vos dicetis n n. q ibi 9curr n i occidunt. Que cura in mo
[illegible] ento hore uenit cita mors aut l v. Iuris 9suetudinalis. legu q i scripte te [illegible]
[illegible] sinit. 9silii. Agcola. v officiu agcole. Sub galli. tm causa qr laudat. q te excitat. q
[illegible] ellet qescre i lecto suo. Sub v circa. Ille v agcola clamat uiuentes i urbe solos felices
[illegible] causa qr clamat. q e extract v uolent coact ire de rure i urbe. datis uadib[illegible]
[illegible] derat uades oportuit eu ire i urbe ubi erant captiu[illegible] libare eos. [illegible] uidit urba
[illegible] os n ita ca ptiuari. ido laudauit uita illa. Cetera. qd uado p singula. Cetera v alia q
[illegible] go noaui. s tn similia hiis noaui q dic de genere h. adeo st multa q ualent. de
[illegible] loqce. hic i iste notat de gar[illegible] ilitate. hic i n mos satiricoz. ut qn unu uiciu re
[illegible] hndunt icedunt exeplificando aliud ca[illegible] pam. ite te moror o[illegible] si ego n numera
[illegible] oia. poet audi qre deduca. hi ido ne te morer. Illuc [illegible] deducere v o ut ostendat du
[illegible] ce i 9stancia i n s ee q uiu i 9stancia e aliud officiu opare q ia notaui. scla i i istan
[illegible] q tm redire cupent. si optata [illegible] q ue notabit sic. Si quis ds dicat eis. en ego
[illegible] cia q uultis tu q m miles fuisti. Nolunt. Atq v s tn licet eis ee beatos v illa beatitud
[illegible] acquirere. q p aiter ee beatitudine l alt[illegible] ido nolunt q licet eis ee beatos i i suis
[illegible] i atq p q. Qd causa. Et cu nolunt qd causa e qn iupit v in[illegible] is ser[illegible] a b [illegible] se
[illegible] ac n fore tale ut pbeat ta facile aure n certe nisi causa. Praeterea. huc usq
[illegible] eos de istabilitate i officiis. nc icipit eos carpe de stabilitate auaricie. osten
[illegible] ent in ipsis istabilitate officioz stabilitate tn auaricie. sic 9tinua. Ita st instabiles
[illegible] pter v pr istabilitate st auari v q sic d. ille q uertit t[illegible] gue d a[illegible] [illegible] campo
[illegible] miles v nauta q cu[illegible] unt audaces p o[illegible]e mare. ipsi aiunt se se ferre labore
[illegible] ore hac m ut [illegible] senes recedant i tuta ocia. Ista adhuc i pbant eos [illegible]

Selbst austeilen statt immer nur zuzuhören: Die Satiren Juvenals

Verglichen mit Horaz ist Juvenal (um 60–132 n. Chr.) in seinen Satiren boshafter, ernster und pessimistischer. In 16 Büchern kritisiert er Personengruppen und Laster, etwa das sündige Grossstadtleben, sexuelle Ausschweifungen, Frauen und Ehe, Völlerei, Erbschleicherei oder Habsucht. Auch die Geringschätzung der Intellektuellen in Rom beklagt er.

In der programmatischen ersten Satire gibt Juvenal Auskunft darüber, was ihn zum Schreiben bewogen hat. Mit der anklagenden Frage *Semper ego auditor tantum? Numquamne reponam […]?* («Soll ich immer nur Zuhörer sein und nie antworten?»; 1, 1) teilt er gegen die mittelmässigen Dichter aus, deren Lesungen er ständig erdulden muss. Das will er nicht länger hinnehmen, sondern er will selbst sprechen. Der Zustand im Sündenpfuhl Rom zwingt ihn geradezu, Satiren zu schreiben, denn «es ist schwierig, keine Satire zu schreiben» (*difficile est satiram non scribere;* 1, 30). Als Motivation zum Schreiben dienen ihm Ärger und Zorn, womit er sogar seinen angeblichen Mangel an Talent überwindet.[34] Die Themen seines Buchs sollen das Verhalten der Menschen und das lasterhafte Leben in Rom sein.[35] Dabei stellt er seine eigene Zeit als besonders verdorben dar,[36] schreibt dann aber stattdessen über die Vergangenheit. Das begründet er am Ende der ersten Satire damit, dass Kritik an lebenden Personen gefährlich sei; daher wolle er nur Tote angreifen.[37]

Im Mittelalter wurde Juvenal als Moralkritiker und *poeta ethicus* («ethischer Dichter») hochgeschätzt und daher gerne in der Schule gelesen. Er erscheint sogar in Katalogen der für die Schule geeigneten Autoren.[38] Aus einem schulischen Umfeld stammt sicher auch die im 11. Jahrhundert entstandene Handschrift Cod. Sang. 871 mit allen 16 Satiren. Diese sind teilweise reich glossiert.[39] Der Codex enthält einerseits kürzere Erklärungen, die als Interlinearglossen zwischen den Zeilen über einem oder mehreren Wörtern stehen, andererseits längere Kommentare am Rand. Diese Marginalglossen sind jeweils mit einem Grossbuchstaben (A, B, C …) der Stelle im Text zugeordnet, die sie erklären – so wie Fussnoten in einem modernen wissenschaftlichen Text.

Da die Satire auf Zeitumstände zielt, ist sie in späteren Jahrhunderten in hohem Masse erklärungsbedürftig. Das gilt heute genauso wie im Mittelalter. So ist denn auch der Beginn des Kommentars gar nicht so anders als moderne Erläuterungen zu Juvenals Satiren: Es heisst dort, dass zu Beginn der ersten Satire die Schreibabsicht dargelegt werde, die auf Entrüstung zurückgehe, weil der Autor die Laster seiner Zeit nicht ertragen könne. Andere Glossen identifizieren Personen, die Juvenal nicht namentlich nennt – zum Beispiel Lucilius, den Gattungsbegründer. Sein Name steht am linken Rand in der letzten Zeile von Glosse O.

St. Gallen, Stiftsbibliothek
Cod. Sang. 871, S. 3
Pergament, 170 Seiten
23 × 19 cm
Kloster St. Gallen,
11. Jahrhundert

Juvenals Satiren mit reicher Glossierung. Der Kommentar am oberen Rand beginnt mit den Worten: *In hoc exordio voluntas scribendi ostenditur. Ab indignatione autem incepit, quod seculi vicia ferre non possit* («Hier am Anfang wird die Schreibabsicht dargestellt. Er beginnt nämlich aus Empörung, weil er die Laster seiner Zeit nicht ertragen kann»).

INCIPIT LIBER PRIMUS SATYRARU(M) IUUENALIS

Semper ego auditor tantu(m) nu(n)qua(m) reponam
Uexatus tociens rauci theseide codri
Inpune ergo mihi recitauerit ille togatas
Hic elegos; inpune die(m) consumpserit ingens
Telephus aut summi plena iam margine libri
Scriptus et in tergo nondu(m) finitus orestes
Nota magis nulli domus est sua quam mihi lucus
Martis et eoliis uicinu(m) rupibus antrum
Uulcani quid agant uenti quas torqueat umbras
Aeacus unde alius furtiue deuehat auru(m)
Pellicule quantas iaculetur monichus ornos
Frontonis platani conuulsa q(ue) marmora clament
Semp(er) et assiduo rupte lectore colune
Expectes eade(m) a summo minimo q(ue) poeta
Et nos ergo manu(m) ferule subduximus et nos
Consilium dedimus sylle priuatus ut altu(m)
Dormiret stulta est clementia cu(m) tot ubiq(ue)
Uatibus occurras perituure parcere carte
Cur tam(en) hoc potius libeat decurrere campo
Per que(m) magnus equos aurunce flexit alumnus
Si uacat et placidi racione admittitis eda(m)

DIUI CLAUDII INCIPIT ΑΠΟΘΗΟCIC ANNEI SENECE P SATIRA

Quid actu sit in celo ante diem iii idus octobris. anno nouo initio
seculi felicissimi uolo memorie tradere. nihil nec offense nec gratie
dabitur. hec ita uera. si quis quesierit unde sciam. primum si noluero
n respondebo. quis coacturus e. Ego scio me liberu factu. ex quo suum diem ob
ille qui uerum puerbiu fecerat aut rege aut fatuu nasci oportere. si libuerit
respondere dica qd mihi in bucca uenerit. quis umqua ab historico iuratores ex
Tam si ne esse fuerit auctore pducere. querito ab eo qui drusilla euntem in celu uid
idem claudiu uidisse se dicet iter facientem n passib; aequis. uelit nolit necesse e
illi omnia uidere que in celo aguntur. Appie uie curator e. qua scis & diuu augustu e
tiberium cesarem ad deos isse. hunc si interrogaueris soli narrabit. cora pluribu
numquam uerbum faciet. Nam ex quo in senatu iurauit se
drusillam uidisse celum ascendentem
& illi pro tam bono nuntio nemo credidit
Quod uiderit uerbis conceptis. Affirmauit se non indicaturum
etiam si in medio foro hominem occisum uidisset. Ab hoc ego que
tum audiui certa clara affero. ita illum saluum et felice habeam

Iam phoebus breuiore uia contraxerat ortum
Lucis et obscuri crescebant tempora somni
Iamque suam uictrix augebat cinthia regnum
Et deformis hiemps gratos carpebat honores
Diuitis autumni iussoq; senescere bacho
Carpebat raras serus uindemitor uuas

Puto magis intellegi si dixero. Mensis erat octuber. dies iii id octob
horam non possum certam tibi dicere facilius inter filossofos
quam inter horologia conuenit; tamen inter sexta & septima
erat nimis rustice adquiescunt omnes poete non contenti ortus
& occasus describere ut etiam medium die inquietent tu sic transibis ho
ra tam bona

Iam medium curru phebus diuiserat orbem
Et propior nocti fessas quatiebat habenas

St. Gallen, Stiftsbibliothek
Cod. Sang. 569, S. 243–251
(S. 243)
Pergament, 259 Seiten
23 × 18 cm
Oberitalien (?),
9./10. Jahrhundert

Der Beginn der *Apocolocyntosis*. Der rubrizierte Titel lautet: *Divi Claudii ΑΠΟΦΗΟCIC Annei Senece per satiram*. Abschnitte in Prosa wechseln sich mit Versen in kürzeren Zeilen ab.

Kaiser Claudius, der «Hohlkopf»

Kaiser Claudius wurde am 13. Oktober 54 n. Chr. auf Anstiften seiner Frau Agrippina durch ein Pilzgericht vergiftet und nach seinem Tod durch Senatsbeschluss zu den Göttern erhoben.[40] L. Annaeus Seneca (um 1–65 n. Chr.) schrieb eine bissige Satire auf die Vergöttlichung des Kaisers, die heute unter dem rätselhaften Titel *Apocolocyntosis* («Verkürbissung») bekannt ist.[41] Dieser wird allerdings in keiner der Handschriften genannt, sondern nur beim Historiker Cassius Dio.[42] Eine von vielen Theorien zum Titel besagt, dass der Kürbis als «Hohlkopf» bei den Griechen und Römern für Dummheit gestanden habe. Daher bedeute *Apocolocyntosis* in Anspielung auf das Wort *Apotheose* («Vergöttlichung»), dass Claudius «zum Trottel gestempelt» statt zum Gott erhoben werde.[43]

Von einem Kürbis ist in der Satire keine Spur, vielmehr wird berichtet, wie Claudius nach seinem Tod in den Himmel kommt, wo die Götter über seine Vergöttlichung beratschlagen. Der bereits zum Gott gewordene Kaiser Augustus gibt den Ausschlag: Angesichts der vielen Menschen, die Claudius umbringen oder ohne gerechten Prozess hinrichten liess, plädiert er dafür, ihn in die Unterwelt abzuschieben. Dort wird Claudius wegen vielfachen Mords verurteilt, ohne dass er selbst angehört wird.[44] Als Strafe muss er zunächst mit einem löchrigen Becher würfeln – eine Anspielung auf seine Würfelleidenschaft –, und schliesslich muss er als Sklave einem Freigelassenen dienen.

Claudius wird also für sein grausames und ungerechtes Verhalten als Kaiser bestraft.[45] Die Satire richtet sich aber vor allem gegen seine Person. Mit beissenden Worten nimmt Seneca den wohl körperlich beeinträchtigten Claudius aufs Korn:[46] Er humpelt, wackelt unkontrolliert mit dem Kopf, hat eine zittrige Hand. Er spricht undeutlich, und ehe er stirbt, lässt er noch einen lauten Furz fahren: «Die letzten Laute übrigens, die man unter Menschen von ihm vernommen hatte – nachdem er gerade aus jenem Körperteil, mit dem er sich stets leichter zu äussern verstand, einen stärkeren Ton hatte entfahren lassen – waren folgende: ‹O je, ich glaube, ich habe mich beschissen.›»[47] Auch über die wissenschaftlichen Interessen des Claudius, der mehrere Geschichtswerke auf Latein und Griechisch, eine Autobiographie und eine Abhandlung über das Würfelspiel schrieb und drei neue Buchstaben für das römische Alphabet erfand, macht sich Seneca lustig. Diese Tätigkeiten waren wohl einem Kaiser nicht angemessen.[48]

Die St. Galler Handschrift Cod. Sang. 569, die wahrscheinlich grossenteils in Oberitalien geschrieben wurde, ist der bei weitem beste Textzeuge der *Apocolocyntosis*.[49] Die Satire trägt dort den Titel *Divi Claudii Apotheosis Annei Senece per satiram* und ist zusammen mit Heiligenviten überliefert, vielleicht infolge eines Missverständnisses des Titels *Apotheosis* («Vergöttlichung»).

116

[illegible] quandoque postremo [illegible] ; Egopol que mihi sum conscia [illegible] ; Cordi esse quoquam cariorem hoc phedria ; [illegible] Iam rediisse. [illegible] Concedam hinc intro atque expectabo dum venit [illegible]

PHEDRIA ADOLESCENS · PARMENO SERVUS ·

[illegible]

GNATHO · PARMENO ·

[illegible]

St.Gallen, Stiftsbibliothek Cod. Sang. 1394, S. 115–118 (S. 116)
Pergament, 2 Blätter
23.5 × 18–19 cm
10. Jahrhundert

Ende des 1. Akts und Beginn des 2. Akts der Komödie *Eunuchus*.
Der 2. Akt beginnt mit einem dichten Dialog zwischen Phaedria und Parmeno (Übersetzung Peter Rau):

PH. ***Fac, ita ut iussi, deducantur isti.*** *PA.* ***Faciam.***
PH. ***At diligenter. /*** *PA.* ***Fiet.***
PH. ***At mature.*** *PA.* ***Fiet.***
PH. ***Satine hoc mandatum est tibi?*** *PA.* ***Ah / rogitare, quasi difficile sit!***
«PH. **Lass die beiden, wie befohlen, bringen.** PA. **Mach ich.** PH. **Aber achtsam.**
PA. **Ja.** PH. **Und zeitig.**
PA. **Ja, ja.** PH. **Ist der Auftrag klar genug dir?** PA. **Pah, Du fragst, als ob es schwierig wär.»**

Eine Komödie des Terenz

Publius Terentius Afer (195/194 oder 185/184–159 v. Chr.) ist neben Plautus der wichtigste römische Komödiendichter.[50] Er wurde in Karthago geboren und kam als Sklave nach Rom. Sein Herr, der Senator Terentius Lucanus, erkannte sein Talent und sorgte für eine gute Ausbildung. Als dieser ihn freiliess, benannte sich Terenz nach ihm. Zwischen 166 und 160 v. Chr. schrieb er sechs Komödien. Sie wurden bei den *ludi Megalenses* (Spielen zu Ehren der Fruchtbarkeitsgöttin Magna Mater), den *ludi Romani* (Spielen zu Ehren Jupiters) und den Leichenspielen für Aemilius Paulus uraufgeführt.[51] Terenz starb noch als junger Mann, möglicherweise durch Schiffbruch auf der Rückfahrt von einer Studienreise nach Griechenland.[52]

Die Komödien des Terenz wurden wegen ihrer eleganten Sprache im Mittelalter in der Schule gelesen.[53] Ob das im Kloster St.Gallen im Früh- und Hochmittelalter auch der Fall war, wissen wir nicht mit Sicherheit. Zwar berichtet der St.Galler Mönch und Lehrer Notker der Deutsche († 1022) in seinem Brief an Bischof Hugo von Sitten, er sei gebeten worden, die *Andria* des Terenz zu übersetzen, doch spricht er nicht davon, dass er es auch getan habe.[54]

Vollständige Komödien von Terenz sind in der Stiftsbibliothek St.Gallen nur in Handschriften des 15. Jahrhunderts überliefert (Cod. Sang. 856, 858, 859). Aus früheren Zeiten sind lediglich drei unvollständige Blätter aus zwei Codices des 10. Jahrhunderts (Cod. Sang. 1394, S. 115–120)[55] und zwei Blätter aus einem Terenz-Kommentar des 11. Jahrhunderts (Cod. Sang. 1396, S. 91–94) erhalten. Damit ist nicht unbedingt gesagt, dass sich auch tatsächlich die vollständigen Codices in St.Gallen befunden haben. Weitere Fragmente aus denselben beiden Handschriften des 10. Jahrhunderts im Umfang von insgesamt 30 Blättern werden nämlich in der Stiftsbibliothek Einsiedeln aufbewahrt,[56] und eine Randbemerkung auf der abgebildeten Seite verweist auf den Einsiedler Abt Ulrich I. von Rapperswil (Abt 1192–1206).[57] Vielleicht besass das Kloster Einsiedeln die vollständigen Handschriften, und nach St.Gallen kamen nur Einzelblätter, die im 15. Jahrhundert als Buchbindermaterial verwendet wurden.[58]

Obgleich Terenz ein elegantes Latein schreibt, verwendet er doch die Alltagssprache. Das erkennt man zum Beispiel an Interjektionen wie *ehem* («hm, äh, ach, ei, nanu, aha, ha»)[59] oder an sehr kurzen Sätzen. Die abgebildete Seite enthält das Ende des ersten und den Beginn des zweiten Akts des *Eunuchus,* einer Komödie um zwei Liebesverhältnisse, in der eine Verkleidungstäuschung für Komik sorgt. Die raschen Sprecherwechsel kann man in den Versen nach der ersten Zwischenüberschrift gut an den orangefarbenen Grossbuchstaben erkennen, welche die Sprecher kennzeichnen (siehe Bildlegende).

Liebesdichtung

Cornel Dora

Liebe, Erotik und Sexualität fanden in der Antike unter wesentlich anderen Rahmenbedingungen statt als in unserer Zeit. Heute muten uns diese fremd, ja geradezu abstossend an. Der freie und in der Gesellschaft tätige Mann hatte in allen diesbezüglichen Fragen klar die Oberhand. Frauen fanden ihre Rechte, und damit auch ihre sexuellen Rechte, überwiegend nur im Kontext der Bindung an einen Mann, entweder den Vater oder den Ehemann. In erotischen Dingen wurde ihnen grundsätzlich eine passive Rolle zugeteilt. Und in diesem passiven Sinn «weiblich», also sexuelles Objekt und nicht Subjekt, waren auch grosse Gruppen von Männern, insbesondere alle Sklaven, die Knaben, kranke oder alte Männer sowie solche, die in einer homosexuellen Beziehung nicht den aktiven Part übernahmen.[60]

Durchaus treffend spricht Niklas Holzberg in diesem Zusammenhang von den Gesellschaften Griechenlands und auch Roms als «Phallokratien».[61] Besonders schwierig waren die Verhältnisse für die Sklavinnen und Sklaven. Sie dienten auch im Bereich der Sexualität als Untertanen ihrer Herren und mitunter auch Herrinnen. Wir wissen praktisch nichts über ihre Behandlung und die wohl oft grauenhafte Ausbeutung, die damit verbunden war.

In dieser Grundsituation schrieben Catull (1. Jh. v. Chr.), Horaz (65–8 v. Chr.), Ovid (43 v. Chr. – 17 n. Chr.) und andere Liebesdichter ihre Verse, aus dem männlichen Blickwinkel und meist in epikureischer Genussabsicht. Mit Sulpicia der Älteren, einer Zeitgenossin Ovids, ist aus dem alten Rom nur eine einzige weibliche Liebesdichterin bekannt. Ihr Werk ist nur indirekt über Tibull erhalten und umfangmässig sehr klein.[62]

Trotz alledem überrascht uns oft die Frische, Ungeschminktheit und scheinbare Einfühlsamkeit der römischen Liebesdichtung. Insbesondere der von Ekkehart IV. als «honigverschmiert» bezeichnete Ovid gestaltete seine Frauen erstaunlich empathisch.[63] Allerdings wurde seine Zeichnung der weiblichen Partnerinnen 1991 von Alison Sharrock als *womanufacture* relativiert.[64] Damit ist gemeint, dass die weiblichen Figuren bei Ovid und in der römischen Dichtung überhaupt primär als Objekt männlicher Begierde geschaffen wurden, auch wenn sie – besonders in den Liebeselegien – scheinbar Macht ausüben.

Frauen als Menschen mit einem eigenen Willen und eigenen erotischen Bedürfnissen werden in der antiken Literatur also kaum direkt greifbar. Die wohl bekannteste Ausnahme ist Dido, die in der *Aeneis* (4. Buch) in Liebe zum Titelhelden Aeneas entflammt. Vergil statuiert an ihr aber ein Exempel, denn die Erfüllung ihres erotischen Verlangens endet mit ihrem Selbstmord.[65]

Utque fit in gremium pulvis si forte puellae
Deciderit digitis excutiendus erit.
Et si nullus erit pulvis tamen excute nullum.
Quelibet officio causa sit apta tuo.
Pallia si terra nimium demissa iacebunt
Collige et inmunda sedulus effer humo.
Protinus officii precium paciente puella
Contingent oculis crura videnda tuis.
Respice preterea post vos quicumque sedebit
Ne premat obposito mollia terga genu.
Parva leves capiunt animos fuit utile multis
Pulvinum facili composuisse manu.
Profuit et tenui ventos movisse tabella.
Et cava sub tenerum scamna dedisse pedem.
Hos aditus circusque novo prebebit amori.
Sparsaque sollicito tristis arena foro.
Illa sepe puer veneris pugnavit arena
Et qui spectavit vulnera vulnus habet.
Dum loquitur tangitque manum poscitque libellum
Et querit posito pignore vincat uter
Saucius ingemuit telumque volatile sensit.
Et pars spectati muneris ipse fuit
Quid modo cum belli navalis imagine cesar
Persidas induxit cecropiasque rates
Nempe ab utroque mari iuvenes ab utroque puelle
Venere atque ingens orbis in urbe fuit
Quis non invenit turba quod amaret in illa
Heu quam multos advena torsit amor.
Ecce parat cesar domito quod defuit orbi
Addere nunc oriens ultime noster eris
Parthe dabis poenas crassi gaudete sepulti
Signaque barbaricas non bene passa manus
Ultor adest primisque ducem profitetur in annis.
Bellaque non puero tractat agenda puer
Parcite natales timidi numerare deorum
Cesaribus virtus contigit ante diem
Ingenium celeste suis velocius annis
Surgit et ignave fert male damna more
Parvus erat manibusque duos tyrinthius angues
Pressit et in cunis iam iove dignus erat.
Nunc quoque qui puer es quantus tum bache fuisti

Cum timuit thirsos india victa tuos.
Auspiciis annisque patris puer arma movebis
Et vinces annis auspiciisque patris.
Tale rudimentum tanto sub nomine debes
Nunc iuvenum princeps deinde future senum.
Cum tibi sint fratres fratres ulciscere lesos
Cumque pater tibi sit iura tuere patris
Induit arma tibi genitor patrieque tuusque
Hostis ab invito regna parente rapit.
Tu pia tela feres sceleratas ille sagittas.
Stabit pro signis iusque piumque tuis.
Vincuntur causa parthi vincantur et armis.
Eoas latio dux meus addat opes.
Marsque pater cesarque pater date numen eunti
Nam deus e vobis alter es alter eris
Auguror en vinces votivaque carmina reddam.
Et magno nobis ore sonandus eris.
Consistes aciemque meis hortabere verbis.
O desint animis ne mea verba tuis
Tergaque parthorum romanaque pectora dicam
Telaque ab adverso que iacit hostis equo.
Qui fugis ut vincas quid victo parthe relinquis
Parthe malum iam nunc mars tuus omen habet
Ergo erit illa dies qua tu pulcherrime rerum
Quattuor in niveis aureus ibis equis.
Ibunt ante duces onerati colla catenis
Ne possint tuti qua prius esse fuga.
Spectabunt leti iuvenes mixteque puelle
Diffundetque animos omnibus ista dies.
Atque aliqua ex illis cum regum nomina queret
Que loca qui montes queve feran[...]tur aque
Omnia responde nec tantum si qua [...] rogabit
Et que nescieris ut bene nota refer.
Hic est eufrates precinctus arundine frontem
Cui coma dependet cerula tigris erit.
Hos facito armenios haec est danaeia persis
Urbs in achemeniis vallibus ista fuit.
Ille vel ille duces et erunt que nomina dicas
Si poteris vere si minus apta tamen.
Dant etiam positis aditum convivia mensis.
Est aliquid preter vina quod inde petas.

peter iste mundus te non cognovit

St. Gallen, Stiftsbibliothek
Cod. Sang. 821, S. 96
Pergament, 98 Seiten
27.5 × 18 cm
Kloster St. Gallen, 1000/1050

Die in der Beschreibung zitierte Textstelle der *Ars amatoria, Utque fit [...]*, findet sich oben links auf der abgebildeten Seite. Die Handschrift enthält verschiedentlich Worterklärungen oder Varianten zwischen den Zeilen, hier in Zeile 4 der linken Spalte *sit adquisita* («sei ange-/übernommen») anstelle von *sit apta* («sei recht»). Ganz unten hat wohl bereits im 11. Jahrhundert ein Mönch des Klosters ergänzt: *Pater iuste mundus te non cognovit* («Gerechter Vater, die Welt hat dich nicht erkannt»). Das ist der Beginn eines liturgischen Gesangs fürs Stundengebet der Mönche. Vielleicht handelt es sich um einen mönchischen Stossseufzer über die doch eher frivolen Zeilen Ovids. Und ganz unten steht auf dem Kopf eine kurze Federprobe: *probatio pennę*. Solche Ergänzungen finden sich vor allem auf ersten und letzten Seiten von Handschriften, was dafür spricht, dass der Rest des Texts bereits im 11. Jahrhundert verloren ging oder auch gar nie geschrieben wurde.

Ovid, Lehrmeister der Liebe

Ovid ist der römische «Lehrmeister der Liebe», der *praeceptor amoris*, wie er sich selber nennt.[66] Mit der um das Jahr Null verfassten *Ars amatoria* («Liebeskunst») hat er ein unvergängliches Werk geschaffen, in dem er sich als praktisch erfahrener, einfühlsamer und humorvoller Experte in erotischen Dingen zeigt.

Ovids Ratgeber der Liebe spricht uns bis heute unmittelbar an. Hauptthema des Texts ist, wie ein Mann eine Frau (Buch 1) oder umgekehrt auch eine Frau einen Mann (Buch 3) gewinnen und wie die so entfachte Liebe auch gepflegt und erhalten werden kann (Buch 2). Der Verfasser spricht offen auch intime Themen wie etwa die Stellungen beim Geschlechtsverkehr an, ohne aber obszön zu werden.

Ein Beispiel für den feinen Humor Ovids ist neben vielem anderen die Empfehlung für liebeshungrige Männer, sich im *Circus maximus* bei den Wagenrennen neben eine junge Frau zu setzen und ihr in jeder möglichen Hinsicht zu schmeicheln. Dabei sind auch Täuschungen erlaubt, wie die folgende Stelle zeigt (1, 149–152), die – obwohl übergriffig – heute noch zum Schmunzeln anregt:

Utque fit, in gremium pulvis si forte puellae
Deciderit, digitis excutiendus erit.
Etsi nullus erit pulvis, tamen excute nullum.
Quaelibet officio causa sit apta tuo.

«Wenn dann, wie es öfters geschieht, in den Schoss deines Mädchens
Staub fällt, schüttle besorgt du mit den Fingern ihn ab.
Ist kein Staub vorhanden, so schüttle dennoch das Nichts ab.
Jeglichen Vorwand nimm, dass du dich dienstfertig zeigst.»[67]

Nur wenige Zeilen später finden wir konkrete Hinweise auf die Entstehungszeit der *Ars*. Die Erwähnung der Vorführung einer Seeschlacht, die in der 2 v. Chr. von Augustus dafür errichteten Anlage (Naumachie) stattgefunden haben muss, liefert einen *terminus post quem*, die Nennung des Enkels und Adoptivsohns von Augustus, Gaius Caesar, das Jahr 2 n. Chr. als *terminus ante quem*.[68]

Gemäss dem Selbstzeugnis Ovids war die *Ars amatoria* einer der Gründe, weshalb er im Jahr 8 n. Chr, auf dem Höhepunkt seines Ruhms, von Kaiser Augustus persönlich nach Tomi ans Schwarze Meer verbannt wurde und dort unter unglücklichen Verhältnissen seine letzten Lebensjahre verbringen musste.[69] Vermutlich hatte sich Augustus an der freizügigen Art des Gedichts gestossen.

In Cod. Sang. 821 sind am Schluss auf den Seiten 94 bis 96 die ersten 230 Zeilen der *Ars amatoria* überliefert, der erste Zehntel des Texts. Leider nur so viel, denn es handelt sich um eine der frühesten und besten Überlieferungen des Werks, zusammen mit zwei vollständigen Fassungen in der Bibliothèque Nationale in Paris (lat. 7311) und der Bodleian Library in Oxford (Auct. F. 4. 32).[70]

Horaz: Damalis schmiegt sich an Numida

St. Gallen, Stiftsbibliothek
Cod. Sang. 864, S. 38–39
Pergament, 406 Seiten
21–22.5 × 13–14.5 cm
Kloster St. Gallen (?),
11./12. Jahrhundert

Unter den römischen Dichtern nimmt Horaz (65–8 v. Chr.), der wie Ovid zur Zeit von Kaiser Augustus lebte und mit ihm persönlich verbunden war, eine besondere Stellung ein, weil er «in seinen Werken ein abgerundetes Bild seiner Persönlichkeit und seiner Zeit gibt.»[71]

Er entstammte der Familie eines freigelassenen Sklaven, der zu Wohlstand gekommen war. Als Anhänger des Caesarmörders Brutus kommandierte er eine der 17 republikanischen Legionen, die in der Schlacht bei Philippi 42 v. Chr von Marcus Antonius und Octavian, dem späteren Kaiser Augustus besiegt wurden. Horaz ergriff dabei die Flucht und wechselte anschliessend das politische Lager.[72] Auf der Seite Octavians kämpfte er 36 v. Chr. in der Seeschlacht von Naulochos gegen Pompeius und 31 v. Chr. in der entscheidenden Seeschlacht von Actium gegen Marcus Antonius und Kleopatra.[73]

In seinem Werk befasste sich Horaz immer wieder mit dem Weg zum glücklichen Leben.[74] Dabei war er von Epikur und den Stoikern beeinflusst. Er nannte sich selber einmal *Epicuri de grege porcum* («ein Schwein aus der Herde des Epikurs», Epistulae 1, 4, 16). Und das *Carpe diem,* zu dem er in Ode 1, 11 die schöne Leuconoe aufforderte, steht sprichwörtlich für die epikureische Einstellung, das Leben hier und jetzt zu geniessen. Vor allem im Frühwerk finden sich auch richtig derbe Passagen (Epoden 8 und 12).[75] Allerdings mahnte Horaz andernorts im Sinn der Stoa zum Masshalten: *Est modus in rebus, sunt certi denique fines* («Es ist ein Mass in den Dingen, es gibt letztlich feste Grenzen», Satire 1, 1, 106).[76]

Ode 1, 36, *Et ture et fidibus iuvat,* gehört zur lebenslustigen Sorte seiner Liebeslyrik. Die Rückkehr des jungen Numida, eines Freundes von Horaz, aus Spanien, wo er wohl Kriegsdienst geleistet hat, wird mit einem Fest gefeiert. Seinen Jugendfreund Lamia übersät Numida in der feuchtfröhlichen Feier zunächst mit Küssen. Danach zieht aber die «trinkfeste» Damalis die Blicke aller auf sich. Sie nimmt sich den Rückkehrer zum Liebhaber und schmiegt sich eng an ihn.[77]

Die Oden von Horaz waren im 10. und 11. Jahrhundert in der St. Galler Klosterbibliothek mehrfach vorhanden. Cod. Sang. 864 enthält sie zuvorderst, gefolgt von weiteren Werken antiker Autoren: Lucans *Pharsalia,* Sallusts *De coniuratione Catilinae* und *De bello Iugurthino* und die *Amores* von Ovid. Das meiste ist mit Glossen versehen, was auf schulischen Gebrauch hinweist. Die Horaz-Oden sind sorgfältig geschrieben, am Ende aber nicht komplett. Es fehlen zudem die Initialen an den Anfängen der Gedichte, etwa das E am Anfang unseres Gedichts *[E]t ture et fidibus iuvat […].* In der darauffolgenden Ode (auf der rechten Seite in der unteren Hälfte), die von Kleopatras Kampf gegen Rom und ihrem Selbstmord handelt, ist zwischen den Zeilen deren Name als Glosse eingetragen.

teumq; mutata potentes
este domos inimica linquis.
t uulgus infidum. & meretrix retro
eriura cedit. diffugiunt cadis
um fece siccatis amici.
erre iugum pariter dolosi.
erues iturum cesarem in ultimos
rbis britannos. & iuuenum recens
xamen. eois timendum
ARTIBUS. OCEANOQ; RUBRO.
E HEU. cycatricum & sceleris pudet.
ratrumq; quid nos dura refugimus
etas. quid intactum nefasti
inquimus. Unde manum iuuentus
etu deorum continuit. quibus
epercit aris. o utinam noua
incude diffingas retusum in
assagetas. arabasq; ferrum ...;

T TURE. ET fidibus iuuat
placare. & uituli sanguine debito.
astodes numidae DEOS.
ui nunc hesperia sospes ab ultima
aris multa sodalibus
illi plura tamen diuidit oscula.
am dulci lamiae. memor
ae non alio rege puericiae.

M utataeq; simul togae.
C ressa ne careat pulchra dies nota.
N eu promptae modus amphorae.
N eu morem in salium sit requies pedum.
N eu multi damalis meri
B assum threicia uincat amystide.
N eu desint epulis rosae.
N eu uiuax apium. neu breue lylium.
O mnes in damalim putres
D eponent oculos. nec damalis nouo
D iuelletur adultero.
L asciuis hederis AMBITIOSIOR.

N UNC EST bibendum. nunc pede libero
P ulsanda tellus. nunc saliaribus
O rnare puluinar deorum
T empus erat dapibus sodales;
A nte hac nefas depromere caecubum
C ellis auitis. dum capitolio
R egina dementes ruinas. [cleopatra]
F unus & imperio parabat.
C ontaminato cum grege turpium
M orbo uirorum. quidlibet impotens [ualde potens]
S perare. fortunaq; dulci
E bria, sed minuit furorem
U ix una sospes nauis ab ignibus.
M entemq; lymphatam mareotico

Ode 36.

Ob Numidæ reditum gaudio exsultat.

C *ET THVRE, & fidibus iuuat*
Placare, & vituli sanguine debito
Custodes Numidæ deos:
Qui nunc Hesperia sospes ab vltima
Caris multa sodalibus,
Nulli plura tamen diuidit oscula,
Quàm dulci Lamiæ, memor
Actæ non alio rege puertiæ,
Mutatæq; simul togæ.
Cressa ne careat pulchra dies nota:
D *Neu promtæ modus amphoræ,*
Neu morem in Salium sit requies pedum:
Neu multi Damalis meri
Bassum Threïcia vincat amystide:
Neu desint epulis rosæ:
Neu viuax apium, neu breue lilium.
Omnes in Damalin putreis
Deponent oculos: nec Damalis nouo
Diuelletur adultero,
Lasciuis ederis ambitiosior.

ET THVRE] thus semper adhibetur in sa-

Quintus Horatius Flaccus, Opera, Paris: Denys Lambin, 1568
St.Gallen, Stiftsbibliothek Band NN rechts II 5, S. 89
Papier, 6, 336, 10 Seiten
32 × 20.5 cm

Von Chrysostomus Stipplin 1645 zensurierte Verse von Ode 1, 36:
Nulli plura tamen diuidit oscula, / Quàm dulci Lamiæ, memor [...].
«An keinen anderen verteilt er mehr Küsse als an den süssen Lamia, eingedenk [...].»
Omnes in Damalin putreis / Deponent oculos: nec Damalis nouo / Diuelletur adultero, / Lasciuis ederis ambitiosior.
«Alle werden hinsichtlich ihrer schmachtenden Augen / an Damalis hängen, sie aber wird sich nicht / von ihrem neuen Geliebten lösen, / ihn mehr umschlingend als üppige Efeuranken.»

Der Archivar als Zensor

Es besteht kein Zweifel, dass Horaz und Ovid im 10. und 11. Jahrhundert in St.Gallen Lektürestoff waren. Neben den erhaltenen Manuskripten und Quellen wie dem Vakanzlied Ekkeharts IV. (oben S. 8) bezeugt dies derselbe Ekkehart auch in der Hadwig-Episode seiner *Casus sancti Galli*. Hadwig, Herzogin von Schwaben (um 940–994) beschenkte demnach ihren Lehrer Ekkehart II. (*Palatinus*, † 990), der sie in die antike Literatur eingeführt hatte, beim Abschied «mit einem Horaz und anderen Büchern, die jetzt [um 1050] in unserer Bibliothek sind.»[78] Bei dieser Horaz-Handschrift dürfte es sich um einen heute in der Kantonsbibliothek Vadiana St.Gallen befindlichen Band handeln, der paläographisch ins 10. Jahrhundert datiert werden kann (St. Gallen, Vadianische Sammlung der Ortsbürgergemeinde, Ms 312).[79]

In Bezug auf die zahlreichen unchristlichen Inhalte gerade in der Liebeslyrik – Ovid etwa ermunterte in seiner *Ars amatoria* implizit zum Ehebruch und Horaz stiess sich nicht an sexuellen Abenteuern – drückten die Lehrer im Kloster ein Auge zu. Es ist allerdings anzunehmen, dass sie die Texte kontextualisierten und auf Stellen hinwiesen, die dem christlichen Moralverständnis und dem Keuschheitsgebot der Benediktsregel zuwiderliefen, oder dass sie die anstössigen Stellen bei der Lektüre einfach wegliessen.

Was im Mittelalter noch tolerant hingenommen wurde, wurde in der Gegenreformation verdammt. Über den Index der verbotenen Bücher und weitere Zensurmassnahmen versuchte die kirchliche Obrigkeit, das Publikationswesen und die Vermittlung im Schulunterricht zu kontrollieren. Ein Beispiel dafür ist die Behandlung der eben besprochenen Horaz-Ode 1, 36 in einer kommentierten Pariser Druckausgabe der Oden und Epoden aus dem Jahr 1568.[80] Der langjährige Klosterarchivar Chrysostomus Stipplin (1609–1672, Archivar 1639–1672) nahm darin im Jahr 1645 zensurierende Streichungen vor. Auf dem Titelblatt notierte er: «Dieses Buch mögen die Lehrer vorsichtig und züchtig lesen, die Schüler mögen ihre Augen und ihre Hände davon fernhalten».[81]

In Ode 1, 36 strich Stipplin alle Verse durch, die von Küssen und Umarmungen handeln, liess aber die Stellen über das Trinken und Tanzen unversehrt. Freilich wirken die Streichungen nachlässig, vielleicht auch halbherzig ausgeführt. Fast alle betroffenen Stellen sind nämlich immer noch gut lesbar. Zudem fällt auf, dass die Zensurierungen ab Buch 3 der Oden (S. 141) aufhören. So blieben die erheblich anstössigeren Stellen in den Epoden weiter hinten im Band (S. 269–335) ganz verschont.

Naturlandschaft – Kulturlandschaft

Franziska Schnoor

Die vom Menschen urbar gemachte Natur ist ein häufiges Thema in antiken Lehrbüchern, beispielsweise in den *Georgica* Vergils (70–19 v. Chr.). Dieser schreibt in Hexametern über die Landwirtschaft. Aus heutiger Sicht ist es ungewöhnlich, wenn ein Sachtext im Versgewand daherkommt, doch war das Lehrgedicht in der Antike und auch noch im Mittelalter eine verbreitete Gattung.[82] Die Versform sollte dabei helfen, die Inhalte besser dem Gedächtnis einzuprägen. So wurden manchmal Fachprosatexte versifiziert, ohne dass damit ein hoher stilistischer Anspruch verbunden war, sie dienten rein mnemotechnischen Zwecken. Andere Werke, wie etwa Vergils *Georgica,* sind im hohen Stil der epischen Dichtung verfasst und gehen weit über die reine Belehrung hinaus. Vor allem die Darstellung naturwissenschaftlicher Gegenstände ist oft in ein grösseres System eingebettet und dient so gleichzeitig der Welterklärung.

Nicht alle Stoffe werden in der Antike im Lehrgedicht behandelt. Texte zur Kriegsführung oder zur Architektur etwa sind stets in Prosa verfasst, da sie sich eher an ein begrenztes Publikum richten. Publikum für das Lehrgedicht ist die Aristokratie, und so behandeln die Gedichte auch Themen, die für die Aristokratie von Interesse sind, wie Landwirtschaft, Medizin, Jagd, Astronomie und Astrologie oder Sprache und Literatur.

Mit wenigen Ausnahmen sind die Dichter keine Fachleute auf dem Gebiet, das sie präsentieren. Meistens greifen sie auf Fachprosa zurück, es kann dabei aber zu Irrtümern kommen, weil den Dichtern das Fachverständnis fehlt. So existiert neben dem Lehrgedicht in der Antike auch die Fachprosa weiter, selbst auf den Gebieten, die häufig in Gedichtform behandelt werden. Als Beispiel für landwirtschaftliche Fachprosa wird hier das Werk *De re rustica* des Columella präsentiert. Bemerkenswerterweise greift Columella gelegentlich auf Vergils *Georgica* zurück, die übliche Richtung der Übernahme (von Fachprosa zu Dichtung) wird in diesem Fall also umgekehrt. Weder Vergils *Georgica* noch Columellas *De re rustica* sind in der Stiftsbibliothek als vollständige Werke überliefert. Während von den *Georgica* einige Blätter aus zwei Handschriften in der Fragmentensammlung Cod. Sang. 1394 erhalten sind, finden sich aus *De re rustica* nur ein paar Kapitel über Weinbau und Weinherstellung in Cod. Sang. 878.

Weinbau beschreibt auch der spätantike Autor Ausonius in seinem Gedicht *Mosella.* Er setzt darin der Mosel ein literarisches Denkmal, doch enthält sein Gedicht, das in Cod. Sang. 899 enthalten ist, nebenbei auch Elemente des Lehrgedichts, etwa in Form von Aufzählungen von Nebenflüssen der Mosel oder einheimischen Fischarten.

Ein Fragment aus Vergils *Georgica*

St. Gallen, Stiftsbibliothek
Cod. Sang. 1394, S. 109–112 (S. 109)
Pergament, 2 Blätter
31 × 23 cm
9. Jahrhundert

Fragment aus einer Vergil-Handschrift mit dem Beginn von Buch 1 der *Georgica*.

Die Stiftsbibliothek besitzt nur wenige Fragmente von Vergils Lehrdichtung über Landwirtschaft (*Georgica*): einerseits ein paar Blätter des *Vergilius Sangallensis* aus dem 4. oder 5. Jahrhundert (siehe Kapitel 1), andererseits ein Blatt aus einem Vergil-Codex des 9. Jahrhunderts. Dieses Blatt diente ab der Mitte des 15. Jahrhunderts als Vorsatzblatt in Cod. Sang. 161, ehe es von Ildefons von Arx Ende des 18. Jahrhunderts herausgelöst und 1822 in die Fragmentensammlung Cod. Sang. 1394 eingebunden wurde.[83] Ein weiteres Blatt aus derselben Handschrift, mit einem Abschnitt aus den *Bucolica* (8, 30–107), ist in Cod. Sang. 1394 ebenfalls enthalten (S. 111–112), so dass sich vermuten lässt, dass der ursprüngliche Band eine Vergil-Gesamtausgabe mit *Bucolica*, *Georgica* und *Aeneis* war. Möglicherweise war dieser mit der Handschrift identisch, die im Verzeichnis der aus dem Privatbesitz von Abt Grimald (Abt 841–872) an die Klosterbibliothek übergegangenen Bücher als *volumen Virgilii poetae* («Band mit Werken des Dichters Vergil») erwähnt wird.[84]

Auf dem erhaltenen Blatt ist der Beginn von Buch 1 (bis V. 76) überliefert. Vergil gibt zunächst einen knappen Überblick über die Themen der *Georgica*: Ackerbau, Wetterzeichen, Baumpflege, Viehzucht und Bienenzucht. Seine Hauptquelle ist ein Prosatext von Marcus Terentius Varro (116–27 v. Chr.) mit dem Titel *Res rusticae* («Die Landwirtschaft»). Daneben griff er auf zahlreiche andere Quellen zurück, etwa griechische Lehrdichtungen von Hesiod und Arat von Soloi, lateinische Lehrdichtung von Lukrez oder Homers *Odyssee*.

Wie es auch im Epos üblich wäre, ruft Vergil nach der Inhaltsangabe die Götter um Hilfe bei seinem Vorhaben an, und zwar die insgesamt zwölf Gottheiten, die für sein Stoffgebiet zuständig sind, sowie Octavian, den Herrscher, dem der Senat im Jahr 27 v. Chr. den Ehrentitel Augustus verlieh und der nach den Bürgerkriegen den römischen Staat neu als Kaiserreich aufbaute. Diese Nähe Octavians zu den Göttern ist ein deutlicher Hinweis darauf, dass Vergil mit seinen *Georgica* mehr will als nur in der Landwirtschaft zu unterrichten: Er nimmt das Lehrgedicht gleichsam als Vorwand, um für die politischen Massnahmen Octavians zu werben.[85]

Auf der abgebildeten Seite kann man gut erkennen, dass die Handschrift von Anfang an für eine Kombination von Text und Kommentar eingerichtet wurde: Mit dem Griffel wurden Begrenzungslinien für eine eigene Kommentar-Spalte eingedrückt. Die Erläuterungen am Rand (Marginalglossen) werden mit Hilfe von Verweiszeichen aus Punkten und Strichen jeweils einem Wort im Text zugeordnet. Daneben erläutern Interlinearglossen zwischen den Zeilen einzelne schwer verständliche Wörter.

GIORGICI LIBER PRI[illegible]

Quid faciat laetas segetes. quo sidere terram
Vertere mecenas. ulmisque adiungere vites
Conveniat. quae cura boum. qui cultus habendo
Sit pecori. apibus quanta experientia parcis
Hinc canere incipiam. vos o clarissima mundi
Lumina labentem caelo quae ducitis annum
Liber & alma ceres. vro si munere tellus
Chaoniam pingui glandem mutavit arista.
Poculaque inventis acheloia miscuit uvis.
Et vos agrestum praesentia numina fauni
Ferte simul. faunique pedem driadesque puellae.
Munera vra cano. tuque o cui prima frementem
Fudit aequum. magno tellus percussa tridenti
Neptune & cultor nemorum. cui pinguia ceae
Tercentum nivei tondent dumeta iuvenci.
Ipse nemus linquens patrium. saltusque licaei
Pan ovium custos. tua si tibi menala curae
Adsis o tegeae favens. oleaeque minerva
Inventrix. uncique puer monstrator aratri
Et teneram ab radice ferens silvane cupressum
Diique deaeque omnes. studium quibus arva tueri.
Quique novas alitis non ullo semine fruges.
Quique satis largum caelo dimittitis imbrem
Tuque adeo quem mox quae sint habitura deorum
Concilia incertum est. urbisne invisere caesar
Terrarumque velis curam. & te maximus orbis
Auctorem frugum. tempestatumque potentem
Accipiat cingens materna tempora mirto
An deus inmensi venias maris. ac tua nautae
Numina sola colant. tibi serviat ultima tilae
Teque sibi generum thetis emat omnibus undis
Anne novum tardis sidus te mensibus addas
Qua locus erigonem inter chelasque sequentis
Panditur ipse tibi iam brachia contrahit ardens
Scorpius. & caeli iusta plus parte reliquit
Quicquid eris. nam te nec sperent tartara regem
Nec tibi regnandi veniat tam dira cupido

Antikes Wissen über die Weinherstellung

St. Gallen, Stiftsbibliothek
Cod. Sang. 878, S. 370–372 (S. 372)
Pergament, 304 Seiten
21.5 × 13.5 cm
Reichenau (?),
9. Jahrhundert

Auszüge aus Columellas landwirtschaftlichem Lehrbuch *De re rustica*.

Die Sammelhandschrift Cod. Sang. 878 enthält vier Kapitel aus dem landwirtschaftlichen Lehrbuch des römischen Autors Columella, der in Gades (heute Cadiz, Südspanien) geboren wurde und im 1. Jahrhundert n. Chr. lebte. Er war eine Zeitlang Militärtribun und besass mehrere Landgüter. Er muss eine gute Ausbildung erfahren haben, denn seine Werke zeigen, dass er Ciceros Schriften und Vergils *Georgica* kannte.[86]

Columellas Werk, das zwölf Bücher umfasst, behandelt den Anbau von Getreide, Wein, Oliven, Obst, die Vieh-, Geflügel- und Bienenzucht, den Gartenbau sowie die Pflichten des Verwalters und seiner Frau. Im Prolog erläutert Columella, dass er das Lehrbuch verfasst habe, weil das Land unfruchtbar geworden sei. Während andere Zeitgenossen diese schlimme Tatsache als unabänderlich hinnahmen, führt er es auf den Einsatz von ungenügend ausgebildeten Sklaven zurück. Er beklagt, dass die Landbesitzer sich zu fein für die Arbeit in den landwirtschaftlichen Betrieben seien und die anfallenden Aufgaben jedem Beliebigen anvertrauten. Da es keine Ausbildung in Landwirtschaft gebe, führe das oft zu Misswirtschaft. Dem will Columella mit seinem Lehrbuch Abhilfe schaffen. Anders als Vergil in den *Georgica* (siehe oben, S. 44) schreibt er in Prosa, nicht in Versen, und greift auf seine eigene Erfahrung zurück.

Die Exzerpte aus Columellas Lehrbuch in Cod. Sang. 878 stammen aus Buch 12, das die Pflichten der Verwaltersfrau behandelt.[87] Die Kapitel 27–30 beschreiben, wie man Süsswein herstellt, indem man Iris oder eine Gewürzmischung hinzugibt, wie man Süsswein so aufbewahrt, dass er seinen Geschmack nicht ändert, und wie man Wein lagert.

Cod. Sang. 878 ist eine Sammelhandschrift mit kurzen Texten und Textauszügen zu den Themen Grammatik, Osterfestberechnung, Medizin, Landwirtschaft, Geschichte, Liturgiegeschichte etc. Aufgrund paläographischer Indizien und des Inhalts, der auf sehr breit angelegte Interessen schliessen lässt, nahm Bernhard Bischoff an, dass Cod. Sang. 878 das persönliche Handbuch des Reichenauer Mönchs und späteren Abts Walahfrid Strabo († 849) gewesen sei.[88] Unter den verschiedenen Schreibern, die an dem Codex mitgewirkt haben, sah er eine Haupthand (Walahfrid) in verschiedenen Lebensstadien am Werk. Dieser These hat jüngst Tino Licht widersprochen. Er verweist dabei auf die schlechten Lateinkenntnisse der Hand W IV (nach Bischoff die späteste Ausprägung von Walahfrids Hand), die sich schwer mit einem so geübten Schriftsteller wie Walahfrid in Übereinstimmung bringen liessen.[89] Wir können also leider nicht mit Sicherheit sagen, dass Walahfrid Strabo sich für Wein interessierte und deshalb die Passage zur Weinherstellung in seiner Handschrift notierte.

& pura transferto · Si uinu uetustate seruare uoles
in cado duaru urnaru qua optimi uini sextari
um · aut f&cis generosae r¢es s[illegible] riores tres
addito · aut si uasa recentia & quib · uinum &
emptu sit habebis in ea confundito · Si horum
quid f&ceris multo melius & firmius erit uinu
& iam si bonos odores addideris · omnem malu
odore & saporem prohibueris. Nam nulla res
alienu odorem celerius ad se ducit qua uinum ·

MUSTUM DULCE SERUARI NE MUTET SAPORE

Mustu ut semp dulce tamqua r&cens pmane
at sic facito · Ante · qua prelo uinacea subiciant
de lacu qua r¢issimu addito mustu in am
phora nouam · eamq · oblinito & inpicato dili
genter · ne quoquam aqua introire possit tunc
in piscin[illegible] frigidae & dulcis aquę tota ampho
ram mergito · Ita ne qua pars ext& · Deinde
post dies quadraginta eximito · sic usq · in annu
dulce pmanebit ·

UINI CURATIO

Ab eo tempore quo primu dolia operculaue
ris · usq · ad aequinoctium uernu bis · aut si uinu
florere incipi& saepius curare oportebit · ne
flos eius persumeat & sapore uiti& · quanto ma
ior estus erit · eo sepius conuenit uinu nutriri ·
refrigerareq · & uentilari · nam qua diu benefri
gidu erit · tam diu r&cte manebit · Labra uel fa
uces doliorū semper suffricari nucibus pinessopo
rtebit · quotiens uinum curabitur ·

DE CIBIS ACCIPIENDIS

Omnem asparatilem pisce lupu corbu pisces de
flumine qui p&ra hab& · id est troctas qalu ·
comede · sed non multu · carne p&corina pullos
gallinas siluatica perdice fasanu · grue · meru
las ·

INCIPIUNT EXCERPTA DE OPUSCULIS DECIMI MAGNI AUSONII MOSELLA

Transieram celerem nebuloso flumine nauam
Addita miratus ueteri noua moenia uico
Aequauit latias ubi quondam gallia cannas
Infletaeque iacent sinopes super arua cateruae
Unde iter ingrediens nemorosa per auia solum
Et nulla humani spectans uestigia cultus
Praetereo arentem sitientibus undique terris
Dumnissum riguasque perenni fonte tabernas
Aruaque sauromatum nuper metata colonis
Et tandem primis belgarum conspicor oris
Noiomagum diui castra inclita constantini
Purior hic campis aer phoebusque sereno
Lumine purpureum reserat iam sidus olimpum
Nec iam consertis per mutua uincula ramis
Quaeritur exclusum uiridi caligine caelum
Sed liquidum iubar et rutilam uisentibus aethram
Libera perspicui non inuidet aura diei.
In speciem cum me patriae cultumque nitentis
Burdigalae blando pepulerunt omnia uisu.

St. Gallen, Stiftsbibliothek
Cod. Sang. 899, S. 22–45 (S. 22)
Pergament, 144 Seiten
22 × 16–16.5 cm
Kloster St. Gallen, 850/900

Ausonius beschreibt, wie er in Neumagen aus dem finsteren Wald des Hunsrücks heraustritt: «Reiner erfüllt hier die Luft die Gefilde, […] und man muss nicht mehr den Himmel (mit den Blicken) suchen, der aus der grünen Finsternis ausgeschlossen war, weil die Äste ineinander verschlungen ein enges Geflecht bildeten, sondern die freie Helle des klaren Tages verwehrt dem Betrachter nicht den reinen Glanz und den strahlenden Himmelsraum» (V. 12–17).

Ausonius preist die Mosel

Der spätrömische Autor Decimus Magnus Ausonius (310 – nach 393) unterrichtete in seiner Heimatstadt Bordeaux Grammatik und Rhetorik und war zudem politisch tätig. Als er etwa 55 Jahre alt war, berief ihn Kaiser Valentinianus I. (321–375) zum Erzieher seines Sohns Gratian (359–389) an den Kaiserhof in Trier, und als Gratian erst sechzehnjährig weströmischer Kaiser wurde, wurde Ausonius dessen Berater. Im Jahr 379 zog er sich auf seine Landgüter bei Bordeaux zurück, wo er bis zu seinem Tod blieb.[90]

Das berühmteste Gedicht von Ausonius ist die *Mosella* («Mosel»).[91] Es ist vor allem als Reisebericht bekannt – man kann heutzutage auf den Spuren des Ausonius auf einem 120 km langen Fernwanderweg in sechs Tagesetappen von Bingen nach Trier wandern.[92] Freilich widmen sich nur elf Verse tatsächlich einer Wanderung von Bingen durch den Hunsrück nach Neumagen. Ausonius hat die Reise vermutlich das eine oder andere Mal unternommen, doch ist sie in der Form, wie er sie im Gedicht präsentiert, wohl fiktiv – die knapp hundert Kilometer wären in einer Tagesreise kaum zu schaffen.[93] Es geht ihm eher darum, das unwegsame, finstere und nicht besiedelte Waldgebiet literarisch möglichst schnell zu durchqueren, um dann ein ausführliches Lob auf die Mosel anzuschliessen. Er atmet gleichsam auf, als er an die Mosel kommt und den weiten Blick und die frische Luft geniesst (siehe Bildlegende).[94]

Ausonius bewundert das sanft dahinfliessende und kristallklare Wasser der Mosel, zählt ihre Fische auf, beschreibt Weinberge, Ruderwettkämpfe auf dem Fluss, die Arbeit der Fischer und die Landhäuser am Ufer. Immer wieder enthält das Gedicht Elemente der lehrhaften Dichtung, darunter mehrere Kataloge, etwa der Fische, der antiken Baumeister, der Landhaustypen oder der Mosel-Nebenflüsse.

Der Cod. Sang. 899, der die *Mosella* enthält, ist eine Sammelhandschrift, die zwischen 850 und 900 im Kloster St. Gallen geschrieben wurde und überwiegend Dichtung enthält. Die etwa 150 teils sehr kurzen Gedichte stammen hauptsächlich von karolingischen Autoren wie Walahfrid Strabo, Theodulf von Orléans oder Petrus von Pisa. Till Hennings bezeichnet die Handschrift als «Anthologie aus den Schätzen der St. Galler Bibliothek», die vom zunehmenden Interesse an Dichtung unter Abt Salomo (Abt 890–920) und den Mönchen Notker, Tuotilo und Ratpert zeuge.[95] Das Gedicht des Ausonius fällt ein wenig aus dem Rahmen, da es nicht von einem karolingischen, sondern von einem spätantiken Autor stammt.[96] Es ist in einer sehr sorgfältigen karolingischen Minuskel mit einer leuchtendroten Überschrift in Capitalis rustica geschrieben. Zusammen mit einer Handschrift der Biblioteca Apostolica Vaticana (Reg. lat. 1650, 2. Hälfte des 9. Jahrhunderts)[97] ist Cod. Sang. 899 der älteste erhaltene Textzeuge der *Mosella*.

Briefe in Prosa und Versen

Philipp Lenz

Der antike Brief ist eine vielgestaltige Gattung, die persönliche Schreiben unter Freunden und Bekannten über alltägliche Begebenheiten, sprachlich ausgefeilte, für die Veröffentlichung bestimmte, literarische Briefe in Prosa oder Versen bis hin zu amtlichen und rechtsetzenden Briefen der Verwaltung und des römischen Kaisers umfasst. Im Kern dient ein Brief der Übermittlung von Nachrichten und Aufträgen an nicht vor Ort anwesende Personen. Römische Briefe befolgen gewisse formale Regeln wie die Nennung des Absenders und Empfängers sowie den Einschluss einer Grussformel am Anfang und Ende; zudem bedienten sie sich zunehmend rhetorischer Mittel. Als mögliche typologische Unterscheidungskriterien dienen die Grösse des Adressatenkreises (z. B. ein bestimmtes Individuum, alle römischen Bürger, die gesamte Nachwelt), sodann die Absicht bzw. die Durchführung der Veröffentlichung (zu Lebzeiten oder nach dem Tod des Verfassers) und der Archivierung, schliesslich der Inhalt, die Form (Prosa oder Dichtung) sowie die Sprache und der Stil (umgangssprachlich bis hochrhetorisch) des Briefs. In der römischen Antike wurden Briefe auf Tonscherben (Ostraka) und mit Wachs bezogene Holztafeln eingeritzt sowie mit Tinte auf dünne Holzbrettchen oder auf Papyrus, das danach eingerollt oder gefaltet wurde, geschrieben.[98]

Die im Folgenden vorgestellten Briefe Ciceros, Ovids und Plinius' des Jüngeren ermöglichen zwar eindrückliche Einblicke in die römisch-lateinische Briefkultur und ihre Vielfalt, doch bleibt das Panorama unvollständig. Zu ergänzen wären die bedeutenden Sammlungen literarischer Briefe des Horaz und des Seneca, die in Handschriften der Stiftsbibliothek bezeugt sind.[99] Es fehlen sodann Privatbriefe im engsten Sinn, also Briefe, die Angelegenheiten des Alltags in privater Absicht einem eingeschränkten Personenkreis ohne besonderen literarischen Tiefgang und Anspruch einmalig kundtun und nicht veröffentlicht wurden. Man findet solcherart Briefe – z. B. mit Klagen über Heimweh oder mit Informationen über Einladungen zu Geburtstagsfeierlichkeiten von Gattinnen römischer Offiziere – neben amtlicher Korrespondenz unter den Hunderten beschriebener Holzbrettchen und Wachstafeln, welche die archäologischen Ausgrabungen der römischen Militärlager Vindolanda (Chesterholm, GB) und Vindonissa (Windisch, CH) zutage gefördert haben.[100]

Ebenfalls unberücksichtigt bleiben amtliche und rechtsetzende Schreiben. Unter den in der Stiftsbibliothek indirekt überlieferten derartigen Briefen seien die Reskripte, also die Antwortschreiben der römischen Kaiser und ihrer Kanzlei auf Rechtsanfragen, erwähnt. Ein Teil der Reskripte fand Eingang in die Kodifikation des oströmischen Kaisers Justinian, insbesondere in den 534 veröffentlichten *Codex*, und lebte dadurch bis weit über das Mittelalter hinaus fort.[101]

Ciceros Privatkorrespondenz

Marcus Tullius Cicero (106–43 v. Chr.) verfasste eine Vielzahl an Schriften verschiedener Gattungen und gilt deshalb neben Varro als der einzige Universalschriftsteller der römischen Antike. Sein Œuvre umfasst Reden, rhetorische und philosophische Werke, Briefe und Dichtungen. Von keinem anderen nichtchristlichen lateinischen Autor der Antike sind mehr Texte erhalten geblieben als von ihm. Der hochgebildete Cicero führte ein bewegtes Leben als Redner, Schriftsteller und Politiker, bevor er im Zusammenhang politischer Auseinandersetzungen ermordet wurde.

Innerhalb seines Werks nehmen die Briefe eine besondere Stellung ein, weil sie weitgehend für den persönlich-privaten Gebrauch bestimmt waren. Sie ermöglichen Einblicke in die Gefühlswelt und das Denken Ciceros, die für die Antike einmalig sind; sie sind zudem eine wichtige Quelle für das Zeitgeschehen. Das gesamte Korpus umfasst 864 Briefe, die in der Mehrheit aus der Feder Ciceros stammen und in der Minderheit an ihn gerichtet sind. Von den nach seinem Tod gesammelten Briefen sind der Nachwelt vier Sammlungen *(Ad Atticum, Ad familiares, Ad Quintum, Ad Marcum Brutum)* erhalten geblieben, wenn auch nicht immer vollständig. Während Ciceros rhetorische und philosophische Werke bereits in der Spätantike, im Früh- und Hochmittelalter gelesen und verbreitet wurden, fristeten die Briefe zunächst ein Schattendasein, bevor sie im 14. Jahrhundert durch die italienischen Humanisten wiederentdeckt wurden.[102]

Ciceros *Epistulae ad familiares* («Briefe an die Freunde») sind in Auswahl aus den Büchern 1–7 (von 16) in Cod. Sang. 859 auf S. 71–136 überliefert.[103] Die Kriterien der Auswahl und der Anordnung der Briefe – sie beginnen mit welchen aus Buch 2 und einige Briefe werden ausnahmsweise an späterer Stelle wiederholt – sind nicht offensichtlich. Zahlreiche kurze Glossen zwischen den Zeilen und längere Kommentare auf den Seitenrändern, die wie der Text aus dem 15. Jahrhundert stammen, dienen der Erklärung einzelner Wörter oder Sätze und liefern Grundinformationen zu den Briefen.

Die Auszüge aus Ciceros *Epistulae ad familiares* befinden sich mit weiteren Abschriften des 15. Jahrhunderts in einem papierenen Sammelband, der möglicherweise erst im 19. Jahrhundert zusammengestellt wurde. Neben mehreren antiken philosophischen Texten und Kommentaren überliefert er einen Brief des bedeutenden Humanisten Enea Silvio Piccolomini, des späteren Papsts Pius II. (1458–1464), und ein Blatt mit einem Fragment aus Sallusts *De coniuratione Catilinae.*[104]

St. Gallen, Stiftsbibliothek
Cod. Sang. 859, S. 71–136 (S. 93)
Papier, 504 Seiten
28–32 × 20–22.5 cm
15. Jahrhundert

Beginn eines Trostbriefes an Cicero (Fam. 4.5). Am rechten Seitenrand notierte der Schreiber des Texts eine Inhaltsangabe zum Brief: *Servius Sulpicius Ciceronem consolatur de obitu Tulie filie sue.* «Servius Sulpicius [Rufus] tröstet Cicero wegen des Tods seiner geliebten Tochter Tulia.»

ut adeem in senatu eadem ora(tione) quereretur de spe patrie et hyspanis
dicta sunt cendi me esse dicturum. Res vides quo se habeat
orbem terrarum imperiis distributis ardere bello urbem
sine legibus sine iudiciis sine iure sine fide relictam direp-
tioni et incendiis. Quare mihi venire in mentem nihil potuit
non modo quid sperarem sed iam nec quid audeam optare. Sin
autem tibi homini prudentissimo videtur utile esse nos colloqui quamquam
etiam longius cogitabam ab urbe discedere cuius etiam iam nomen
invitus audio tamen propius accedam Trebatioque mandavi ut si quid
tu eum velles mittere ad me ne recusaret idque ut facias velim
aut si quid tuorum fidelium voles ad me mittas ne aut
tibi exire ex urbe necesse sit aut mihi accedere. Ego tantum tibi tri-
buo quantum mihi fortasse arrogo ut exploratum habeam
quidquid nos communi sententia statuerimus id omnes homines probaturos. Vale.

Servius Sulpicius Ciceroni S. P. D.

Servius Sulpicius Ciceroni consolatur de obitu Tullie filie sue

Posteaquam mihi renuntiatum est de obitu Tullie filie
tue sane quam pro eo ac debui graviter molesteque tu-
li communemque eam calamitatem existimavi qui si istic affuis-
sem neque tibi defuissem coramque meum tibi dolorem decla-
rassem. Etsi genus hoc consolationis miserum atque acerbum est propterea quia per quos ea fieri debet propinquos ac familiares ii ipsi pari molestia afficiuntur neque sine lacrimis multis id conari
possunt ut magis ipsi videantur aliorum consolatione indigere
quam aliis posse suum officium prestare tamen que in presentia
in mentem mihi venerunt decrevi brevi ad te perscribere non quod
ea te fugere existimem sed quod forsitan dolore impeditus minus
ea perspicias. Quid est quod tanto opere te tuus commoveat dolor inte-
stinus? Cogita quemadmodum adhuc fortuna nobiscum egerit ea
nobis erepta esse que hominibus non minus quam liberi cara esse
debent patriam honestatem dignitatem honores omnes hoc uno

Ovids Klagen über sein Exil am Schwarzen Meer

Im selben Jahr wie Cicero starb, erblickte Publius Ovidius Naso (43 v. Chr. – 17 n. Chr.) das Licht der Welt. Nach seiner rhetorischen und juristischen Schulung und einer Bildungsreise nach Griechenland hatte er einige niedere öffentliche Ämter inne, bevor er die politische Laufbahn zugunsten der Dichtung aufgab. Ovid erlangte Berühmtheit als Verfasser erotischer Dichtungen und zweier grosser Sagenzyklen, nämlich der *Metamorphoses* («Verwandlungen») und der unvollendet gebliebenen *Fasti* («Festtagskalender»). Das Spätwerk des virtuosen Dichters ist das direkte Ergebnis seines erzwungenen Exils in Tomi am Schwarzen Meer. Der Grund für seine Verbannung durch Kaiser Augustus ist nicht völlig klar. Ovid deutet zwei Vorwürfe an, einerseits die Anleitung zum Ehebruch in seiner Lehrdichtung *Ars amatoria* («Liebeskunst»), andererseits sein Mitwissen um etwas Verbotenes, vielleicht den Ehebruch einer Enkelin des Augustus.

Die Exildichtung umfasst zwei Elegienzyklen, die *Tristia* («Leiden») und die *Epistulae ex Ponto* («Briefe vom Schwarzen Meer»), die durch das Schmähgedicht *Ibis* ergänzt werden. Hauptmotiv der in Briefform gehaltenen Klagelieder sind der Schmerz über die Verbannung in die Fremde und die Sehnsucht nach Rom. Ziel dieser für die Öffentlichkeit bestimmten elegischen Briefe war es, den Kaiser milde zu stimmen und eine Rückkehr nach Rom zu ermöglichen. Dieser Wunsch wurde ihm jedoch nicht erfüllt und er verstarb im Exil.[105]

Von den insgesamt vier Büchern der *Epistulae ex Ponto* bilden die ersten drei eine in sich geschlossene Sammlung von dreissig elegischen Briefen an Freunde, Gönner, Gelehrte und seine Gattin, an deren Anfang und Schluss je eine Epistel an Ovids Herausgeber Brutus stehen. Das vierte Buch wurde möglicherweise aus seinem Nachlass veröffentlicht.[106]

Cod. Sang. 867, ein unscheinbares Pergamentbüchlein in einem Pappeinband des 18./19. Jahrhunderts, überliefert die *Epistulae ex Ponto* in einer Abschrift des 13. Jahrhunderts.[107] Rote Lombarden markieren bis S. 66 den Anfang der Briefe. Die Verszeilen der elegischen Disticha beginnen jeweils mit einer nach links abgesetzten, bis S. 66 rubrizierten Majuskel. Zahlreiche Glossen zwischen und neben den Zeilen dienen der Erläuterung und dem Verständnis der Dichtung. Im Gegensatz zu anderen Handschriften fehlt hier eine Gliederung in Bücher.

Abgebildet ist der Beginn eines Briefs von Ovid an seine Gattin, worin er die Kälte und die feindliche Umgebung seines Exilortes beklagt (Ex Ponto 3.1). Am Seitenrand steht wiederum eine Inhaltsangabe von der Hand des Textschreibers.[108]

St. Gallen, Stiftsbibliothek
Cod. Sang. 867, S. 45
Pergament, 92 Seiten
18–18.5 × 13.5–14 cm
13. Jahrhundert

Equor Iasonio pulsatum remige primum, / queque nec hoste fero nec nive, terra, cares, / et quid [Ed. equod] erit tempus quo vos ego Naso relinquam / in minus hostili visus [Ed. iussus] abesse loco? / an mihi barbaria vivendum semper in ista est, / inque Thomitana condar oportet humo?

«Meerflut, einstens zuerst von Jasons Ruder geschlagen, / Erde, niemals von Schnee frei und vom wütenden Feind, / und wann kommt der Tag, da ich, Naso, euch werde verlassen / und vor aller Augen [?] [auf Befehl] einen Ort finden, der friedlicher ist? / Oder muss ich für immer in diesem Barbarien leben? / Kommt in Tomis zuletzt noch meine Asche ins Grab?»[109]

Grande voco munus meste solacia mentis
Cum pariter nobis illa tibique dares
Sponte quidem per se quoque mea est laudabilis uxor
Admonitu melior fit tamen illa tuo
Namque quod hermione castori fuit hector yulo — quia hermione fuit neptis castoris yulus vero nepos hectoris filius ... fuit nepos uxoris ovidii
Hoc ego te letor coniugis esse mee
Que ne dissimilis tibi sit pietate laborat
Seque tui vita sanguinis esse probat
Ergo quod fuerat stimulis factura sine ullis
Plenius actorem te quoque nacta facit
Acer et ad palme per se cursurus honores
Si tamen horteris fortius ibit equus — i. equus per se sit velox tamen si pungatur velocius curret
Adde quod absentis cura mandata fideli
Perficis et ferre nullum gravaris honus
O referant grates quoniam non possumus ipsi
Di tibi qui referent si pia facta vident
Sufficiat que diu corpus quoque moribus istis
Maxima fundani gloria rufe soli

Equor iasonio pulsatum remige primum — Incipit tercia distinctio huius libri et scribit mulieri ut intercedat pro eo et probat quod melior est terra in qua ipse est
Queque nec hoste fero nec nive terra cares
Et quod erit tempus quo vos ego naso relinquam
In minus hostili iussus abesse loco
An mihi barbaria vivendum semper in ista
Inque thomitana condar oportet humo
Pace tua si pax ulla est tua pontica tellus
Finitimus rapido quam terit hostis equo
Pace tua dixisse velim tu pessima duro
Pars es in exilio tu mala nostra gravas
Tu neque ver sentis cinctum florente corona
Tu neque messorum corpora nuda vides
Nec tibi pampineas autumpnus porrigit uvas — quia vina non sunt ibi
Cuncta sed inmodicum tempora frigus habent
Tu glacie freta vincta tenes et in equore piscis
Inclusus tecta sepe natavit aqua
Nec tibi sunt fontes laticis nisi pene marini
Qui potus dubium sistat alatne sitim

liber

Caii Plinii Secundi Episto larum Li ber Secund[us]

C. Plini. Romano suo salu.

Post aliquod an nos insigne, atque etia[m] memorabile populi Roman

tanquam ad hunc ipsu[m]

St. Gallen, Stiftsbibliothek
Cod. Sang. 896, Bl. 48v–49r
Pergament, 183 Blätter
(A–W, 1–160)
14.5 × 10.5 cm
1450/1550

Cadellen (eine bestimmte Form von federgezeichneten Grossbuchstaben) und Drolerien (spielerische, scherzhafte Darstellungen) zieren den Beginn des zweiten Buchs der Briefsammlung.

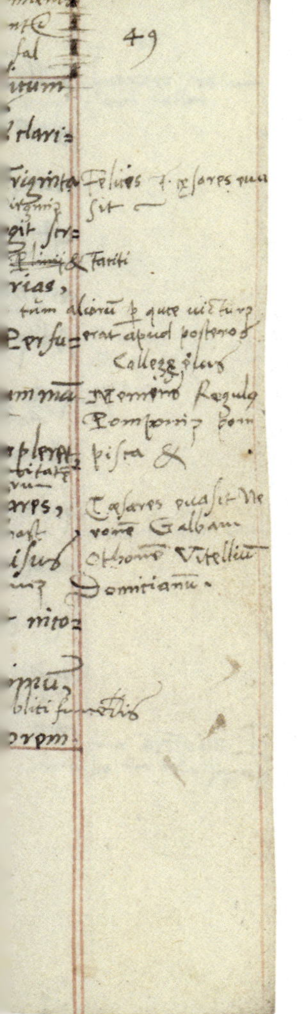

Essays in Briefform von Plinius dem Jüngeren

Gaius Plinius Caecilius Secundus (61/62–111/112 n. Chr.) kam in Como zur Welt und wurde nach dem Tod seines Vaters von seinem Onkel, Plinius dem Älteren, in Rom erzogen und adoptiert. Nach einer vorzüglichen rhetorischen Ausbildung war Plinius der Jüngere als Redner und Anwalt tätig und schlug eine Ämterlaufbahn ein, die ihn bis zum Konsulat führte.

Von seinem literarischen Werk ist ausser einer überarbeiteten Dankesrede als Konsul *(Panegyricus)* nur das Briefkorpus erhalten.[110] Das zehnte, wohl aus dem Nachlass herausgegebene Buch umfasst seinen vorwiegend amtlichen Briefverkehr, den er als kaiserlicher Legat in Bithynien (einer römischen Provinz im nordwestlichen Kleinasien) mit Kaiser Trajan und dessen Kanzlei führte.

Einen völlig anderen Charakter besitzen die Bücher 1–9, die Plinius selber publizierte. Zwar sind die Briefe an wirkliche Personen gerichtet, doch handelt es sich um sorgfältig komponierte, jeweils auf ein Thema beschränkte Briefessays (ohne Ort und Datum), so dass man von fiktiven oder stark überarbeiteten und erweiterten Briefen ausgeht, die für die Öffentlichkeit vorgesehen waren. Variabilität des Stils, des Inhalts und der Gattung der verschiedenen Briefe kennzeichnen die Sammlung. Der Inhalt dieser Kunstbriefe reicht von Charakterportraits und autobiographischen Schilderungen über Architektur und Landwirtschaft, Rechtspflege und Kulturleben bis hin zu rhetorischen und historiographischen Abhandlungen. Die Briefe ermöglichen somit wertvolle Einblicke in die politischen und gesellschaftlichen Verhältnisse der Zeit sowie in die Wertvorstellungen der Senatsaristokratie.[111]

Das Briefkorpus des jüngeren Plinius genoss in der Spätantike ein gewisses Ansehen und diente Quintus Aurelius Symmachus (4. Jahrhundert) und Sidonius Apollinaris (5. Jahrhundert) als Vorbild. Das Interesse an seinen Briefen flammte erneut in humanistischen Kreisen auf, die die lückenhaften und fragmentierten Überlieferungen zusammenführten und das Briefkorpus vervollständigten.[112]

Cod. Sang. 896 überliefert die ersten drei Bücher der Briefsammlung des Plinius.[113] Vorangestellt sind zwei Wort- oder Sachregister, wovon sich nur das erste auf den hier vorliegenden Text bezieht, sowie eine Kurzbiographie über Plinius. Die Abschrift erfolgte auf Papier in einer humanistischen Kursive um die Wende vom 15. zum 16. Jahrhundert, allenfalls einige Jahrzehnte früher oder später. Der Schreiber notierte auch eine Vielzahl von Glossen und Kurzkommentaren in und neben den Brieftexten, darunter einige wenige deutsche Übersetzungen lateinischer Wörter.[114]

Formen der römischen Geschichtsschreibung

Philipp Lenz

Die römische Geschichtsschreibung – die schriftliche Darstellung vergangener Ereignisse Roms und des römischen Reiches – entfaltete über die Jahrhunderte vielfältige Formen und behandelte verschiedene Inhalte, Epochen und Räume. Als älteste Form der römischen Geschichtsschreibung gelten die sogenannten *Annales maximi*. Darunter versteht man die Jahr für Jahr erfolgten Aufzeichnungen wichtiger Ereignisse (Naturerscheinungen, Weihen, Ernennungen von Amtsträgern, Schlachten etc.) durch die Oberpriester, die wohl im 4. Jahrhundert v. Chr. begannen. Das Prinzip der kontinuierlichen, nach Jahren geordneten Darstellung der Geschichte Roms seit der Frühzeit lebte in gewissen Zweigen der nachfolgenden römischen Geschichtsschreibung fort.[115]

Wie in der übrigen Literatur übten griechische und hellenistische Werke einen grossen Einfluss auf die römische Geschichtsschreibung aus. Die erste Generation der «literarischen» Geschichtsschreiber Roms bediente sich der griechischen Sprache, bevor Cato der Ältere (234–149 v. Chr.) die lateinische Geschichtsschreibung begründete.[116]

Die römische Geschichtsschreibung besass ausgeprägt patriotische, moralisierende und literarische Züge und band nicht selten fiktive oder mythologische Traditionen ein, um den Ursprung Roms zu erklären. Die Verfasser gehörten normalerweise der herrschenden Elite an oder standen in ihrem Dienst. Das Standesbewusstsein, das Bedürfnis nach Legitimation und nach Ruhm einflussreicher Familien und erfolgreicher Feldherren führten zur Abfassung sowohl historischer als auch biographischer und autobiographischer Werke.[117]

Eingestreute Reden und Briefe, dramatische Zuspitzungen und sprachliche Verdichtungen, ethnographische und geographische Exkurse lassen manche römische Geschichtswerke mit anderen Literaturgattungen verschmelzen. Umgekehrt nähert sich das römische Epos, also die erzählende Grossdichtung im Versmass des Hexameters, die aus der Perspektive eines neutralen allwissenden Erzählers in gehobenem Stil von Helden und Göttern handelt und bestimmte Motive und Handlungsmuster (Zweikämpfe etc.) aufweist, manchmal stark der Geschichtsschreibung an. Dies trifft insbesondere auf die *Annales* des Ennius (239–169 v. Chr.), ein Epos über die gesamte römische Geschichte von den Anfängen bis zur Gegenwart des Verfassers, und die *Pharsalia* des Lucan (39–65 n. Chr.), ein Epos über den Bürgerkrieg zwischen Caesar und Pompeius (49–45 v. Chr.), zu.[118] Bereits in der Antike hielten Gelehrte die *Pharsalia* eher für ein Geschichtswerk als für ein Werk der Dichtung.[119]

Römische Zeitgeschichte

Gaius Sallustius Crispus (86–35/34 v. Chr.) gilt als einer der wichtigsten lateinischen Geschichtsschreiber der römischen Antike. Denn seine beiden Werke *De coniuratione Catilinae* und *Bellum Iugurthinum* sind die ältesten vollständig erhalten gebliebenen Geschichtsdarstellungen in lateinischer Sprache, die sich vom starren Korsett der Annalen befreiten und durch ihren dramatischen Aufbau und ihren Stil literarische Qualität erlangten. Die künstlerischen Grundsätze der Abwechslung, Spannungserzeugung, Verkürzung und Auswahl gingen jedoch zu Lasten der Genauigkeit und der Chronologie der Darstellung.

Gegenstand seiner beiden Monographien sind Vorkommnisse der Gegenwart und der jüngeren Vergangenheit, die Sallust nutzte, um den moralischen Zerfall Roms in Zeiten des Bürgerkriegs (133–30 v. Chr.) blosszulegen. *De coniuratione Catilinae* («die Catilinarische Verschwörung») behandelt den Umsturzversuch des römischen Politikers Catilina, der nach den verlorenen Konsulatswahlen 63 v. Chr. beabsichtigte, gewaltsam die Macht der Römischen Republik an sich zu reissen. Das *Bellum Iugurthinum* («der Jugurthinische Krieg») beschreibt den Verlauf des Kriegs zwischen der Römischen Republik und König Jugurtha von Numidien 111–105 v. Chr. sowie die Bestechlichkeit der Elite Roms und ihre inneren Zerwürfnisse.[120]

Bereits in der Schule der Antike genossen diese beiden Geschichtsdarstellungen ein hohes Ansehen. Der Überlieferung nach zu urteilen gewannen sie im Mittelalter – nach zögerlichen Anfängen im 9. Jahrhundert – ab dem 11. Jahrhundert grosse Bedeutung als Lektüre.[121] Cod. Sang. 636, der *De coniuratione Catilinae* und *Bellum Iugurthinum* überliefert, ist ein Zeugnis dieser damals einsetzenden grossen Verbreitung der historiographischen Werke Sallusts. Die Handschrift wurde im 11. Jahrhundert in einem unbekannten Skriptorium von mehreren Händen geschrieben, bevor sie zu einem unbestimmten Zeitpunkt vor der Mitte des 16. Jahrhunderts ins Kloster St.Gallen gelangte.[122] Ein wenig jünger ist eine Abschrift der beiden Geschichtswerke in Cod. Sang. 864, die teils im ausgehenden 11. Jahrhundert in Italien geschrieben, teils im 12. Jahrhundert von einer deutschen Hand vollendet (oder ersetzt?) wurde.[123] Ekkehart IV. († nach 1057) zitiert in seinen *Casus sancti Galli* ausdrücklich eine Wortfolge aus Sallusts *De coniuratione Catilinae* (Kap. 124: *ut Salustii verbis utar, nil nobis reliqui facere*; «um mich der Worte Sallusts zu bedienen – uns überhaupt nichts übrigzulassen»), um den angeblichen Neid der Konstanzer Bischöfe auf das Kloster St.Gallen anzuprangern.[124] Ob er den Wortlaut aus der vorliegenden Handschrift oder aus einer anderen, unbekannten Quelle schöpfte, muss offen bleiben.

St.Gallen, Stiftsbibliothek
Cod. Sang. 636, S. 13
Pergament, A–B, 208 Seiten
14.5–15 × 11–12 cm
11. Jahrhundert

Z. 7: *Nihil reliqui victis fecere* («sie liessen den Besiegten nichts übrig»). Ekkehart IV. griff in seinen *Casus sancti Galli*, Kap. 124, diesen Wortlaut aus Sallust, *De coniuratione Catalinae*, 11, 7, auf.

uoluptaria facile inotio feroces militu ani
mos molliuerant; Ibi p̃mu insueuit exercit
populi romani amare potare signa tabulas
pictas uasa celata mirari ea priuati et publice
rapere delubra spoliare sacra pro fanaq; pol
luere. Igitur hi milites postquã uictoriã adepti sunt
nihil reliqui uictis fecere; Quippe secunde
res sapientiu animos fatigant ne corrup
tis moribus uictorie temperarent. Postq diui
tie honori esse cepere et eas gloria imperium
potentia sequebatur. hebescere uirtus
paupertas probro haberi innocentia pmaliuo
entia duci cepit. Igitur iuuentute luxuria
atq; auaritia cu superbia inuasere. rapere
consumere sua paruipendere aliena cupe
re pudore pudicitiã diuina atq; humana p
miscua nihil pensi neq; moderati habere.
Ope pretiu est cu domos atq; uillas cogno
ueris in urbiu modu edificatas uise
re tẽpla deorum que nostri maiores religio

INCIPIT LIBER PRIMUS:

PRINCIPIO RERUM· GENTIUM NATIONUQ; IMPERI
penes reges erat· quos ad fastigium huius maiestatis· no
ambitio popularis· sed spectata inter bonos moderatio ꝓuehe
bat· Populus nullis legibus tenebatur· arbitria principum
legibus erant· Fines imperii· tueri magis quam ꝓferre mos er
Intra suam cuiq; patriā· regna finiebantur· Primus omniu
ninus rex assyriorum· ueterem & quasi auitum gentibus more
noua imperii cupiditate mutauit· Hic primus intulit bella
finitimis· & rudes adhuc ad resistendum populos· ad terminos u
lybiae ꝑdomuit· Fuere quidem temporibus antiquiores· uezo
aegypti· & scythiae rex tanaus· quorum alter in pontum· alt̄ us
aegyptum excessit· Sed longinqua· non finitima bella gereb
nec imperium sibi· sed populis suis gloriam quaerebant· Conte
tiq; uictoria· imperio abstinebant· Ninus magnitudinē q
sitae dominationis· continua possessione firmauit· Domit
igitur ꝓximis· cum accessione uirium fortior ad alios transi
& ꝓxima quaeq; uictoria· instrumentum sequentis ess&· totius
orientis populos subegit· Postremum bellum illi fuit cū z
roastre· rege bactrianorum· qui primus dicitur artes magic
inuenisse· & mundi principia siderumq; motus diligentissim
spectasse· Hoc occiso· & ipse decessit· relicto adhuc impuber
filio ninia· & uxore samiramide· Haec neque immaturo a
sa tradere imperium· nec ipsa palam tractare· tot ac tan
tis gentibus uix patienter nino uiro· nedum feminae pari
turis· simulat se ꝓ uxore nini filium· pro femina puerum·
Nam & statura utriq; mediocris· & uox pariter gracilis· & l
neamentorū qualitas· matri ac filio similis· Igitur brachia a
crura calciamentis· caput tiara tegit· & ne nouo habitu al
quid occultare uider&ur· eodem ornatu & populū uestiri iub

St. Gallen, Stiftsbibliothek
Cod. Sang. 623, S. 4
Pergament, A–D, 212, W–Z Seiten
30 × 21.5–22 cm
Kloster St. Gallen, um 850 oder 850/900

Überschrift in roter Capitalis rustica: *Incipit liber primus* («Hier beginnt das erste Buch»).

Antike Universalgeschichte

Die erste Universalgeschichte der Antike in lateinischer Sprache, die *Historiae Philippicae* («Philippische Geschichte»), stammt von Pompeius Trogus. Er dürfte das in 44 Bücher gegliederte Geschichtswerk unter der Herrschaft von Augustus (31 v. Chr. bis 14 n. Chr.) oder Tiberius (14–37 n. Chr.) verfasst haben. Es beginnt in den ersten sechs Büchern mit der Darstellung der orientalischen Reiche Assyrien, Medien und Persien. Die Bücher 7–40 behandeln die von König Philipp II. gegründete makedonische Monarchie samt den Diadochenreichen (den aus dem Zerfall des Reiches Alexanders des Grossen hervorgegangenen Nachfolgereichen) bis zur Unterwerfung durch die Römer. Erst die letzten vier Bücher wenden sich neben den Parthern auch dem Westen, nämlich Italien, Gallien und Spanien, und der Geschichte Roms im engeren Sinn zu. Trogus' Schwerpunkt liegt auf der nicht-römischen Geschichte, die jedoch ihren Abschluss in der Geschichte Roms und deren Eroberungen findet. Prologe, geographische und ethnographische Exkurse zählen zu den weiteren Merkmalen. Die *Historiae Philippicae* des Trogus sind nur in Auszügen erhalten geblieben, die Marcus Iunianus Iustinus wahrscheinlich am Anfang des 3. Jahrhunderts zusammenstellte.[125]

Das Werk des Iustinus ist in Cod. Sang. 623 überliefert. Die Handschrift dürfte in der Mitte oder in der zweiten Hälfte des 9. Jahrhunderts im Kloster St. Gallen geschrieben worden sein.[126] Das um 850 oder kurz danach angelegte älteste Bibliotheksverzeichnis überliefert unter den noch vor 900 angebrachten Nachträgen den Vermerk *Excerptum Iustini de Pompeio hystoriographo in volumine I libri XLIIII* («Auszug des Iustinus aus dem Geschichtsschreiber Pompeius, 44 Bücher in einem Band»),[127] der dem Inhalt der vorliegenden Handschrift vollkommen entspricht. Cod. Sang. 623 gehört zu den wenigen Handschriften mit einem umfangreichen Werk des römischen Literaturkanons, die bereits im 9. Jahrhundert in St. Gallen geschrieben wurden und dort erhalten geblieben sind.[128]

Die Handschrift weist zahlreiche Eintragungen aus verschiedenen Jahrhunderten auf. Der berühmteste ist ein althochdeutscher Schreiberspruch, der unterhalb des Textendes auf S. 209 in elongierter, schnörkelhafter Majuskelschrift angebracht wurde: *Chumo kiscreib, filo chumor kipeit* («Mit Mühe habe ich [fertig]geschrieben, mit viel mehr Mühe [bis zum Ende] ausgeharrt»).[129] Zu erwähnen sind überdies ein Vermerk auf S. 210 zur Ausleihe der Handschrift durch Sigismund Meisterlin 1463 (siehe unten, S. 82–83) sowie zahlreiche Marginalien zu Beginn des Werks aus der zweiten Hälfte des 15. Jahrhunderts oder vom Anfang des 16. Jahrhunderts.

Zwischen Epos und Geschichtsschreibung

St. Gallen, Stiftsbibliothek
Cod. Sang. 863, S. 77
Pergament, 270 Seiten
22.5 × 16.5 cm
Kloster St. Gallen,
11. Jahrhundert

Federgezeichnete Szenen der Schlacht bei Massilia (Marseille) mit Reitern, Fusssoldaten, Schiffen, Stadtmauer, Wehrturm und Meer. Sie wurden unmittelbar vor Beginn des dritten Buchs angebracht, das darüber berichtet.

Das einzige erhaltene Werk des römischen Dichters Marcus Annaeus Lucanus (39–65 n. Chr.) ist sein Epos über den Bürgerkrieg zwischen Caesar und Pompeius (49–45 v. Chr.). Der Verfasser, Neffe des Philosophen Seneca, genoss seine Ausbildung in Rom und hielt sich zu Studienzwecken in Athen auf, bevor ihn Kaiser Nero an seinen Hof berief. Nachdem ihm Nero wohl aus Eifersucht verboten hatte, als Dichter aufzutreten und zu veröffentlichen, beteiligte sich Lucan an einer erfolglosen Verschwörung, die in seinen erzwungenen Selbstmord mündete.

Das unter den Bezeichnungen *Pharsalia* oder *Bellum civile* bekannte Hauptwerk Lucans blieb unvollendet und bricht im zehnten von wohl zwölf geplanten Büchern ab. Es behandelt im Wesentlichen die kriegerischen Auseinandersetzungen von Caesars Übergang über den Rubikon 49 v. Chr. bis zu den Aufständen in Ägypten 48 v. Chr.[130] Als schriftliche Quellen dienten ihm vor allem die nicht mehr erhaltenen Bücher 109–116 von Titus Livius' Geschichtswerk.

Lucans Dichtung *Pharsalia* unterscheidet sich von der vorangehenden epischen Tradition Roms dadurch, dass sie auf das Eingreifen der Götter in die Geschehnisse verzichtet und statt des vernünftigen und zielgerichteten Geschichtsverlaufs die Unsinnigkeit der Selbstzerfleischung der römischen Führungsschicht darstellt.[131] Über 400 vollständige Handschriften und Fragmente, deren älteste aus der Spätantike stammen, sowie Scholien, die wohl auf einen spätantiken Kommentar zurückgehen, zeugen vom regen Interesse an diesem Werk, das im 11. Jahrhundert und besonders im 12. Jahrhundert nochmals erstarkte.[132]

Die Abschrift der *Pharsalia* in Cod. Sang. 863 wurde wohl im St. Galler Skriptorium im 11. Jahrhundert angefertigt.[133] Der einspaltige Text ist gemäss dem für das Epos typischen Hexameter in Verszeilen gegliedert, die jeweils mit einer ein wenig abgesetzten Majuskel beginnen. Dem Epos ist ein *Accessus* vorangestellt, d. h. eine nicht von Lucan stammende Einführung in das Werk und seinen Autor.[134] Zu Beginn bis S. 20 bereichern lange marginale Kommentare und zahlreiche Interlinearglossen den Text der *Pharsalia*. Des Weiteren weist die Handschrift an fünf Stellen entweder neben den Verszeilen oder auf unbeschriebenen Blättern Federzeichnungen auf, die den Text illustrieren.[135] Besonders eindrücklich sind die vier teilweise rot und gelb kolorierten federgezeichneten Szenen der Schlacht von Massilia (Marseille) auf S. 77.[136] Schliesslich sind die Neumen hervorzuheben, die an sechs ausgewählten Textstellen, vor allem bei affektgeladenen Monologen wie der berühmten Klage Cornelias, aber auch bei zwei astronomisch-geographischen Erörterungen, angebracht wurden. Sie deuten eine tonreiche musikalische Aufführungspraxis ausgewählter Passagen weltlicher Dichtung an.[137]

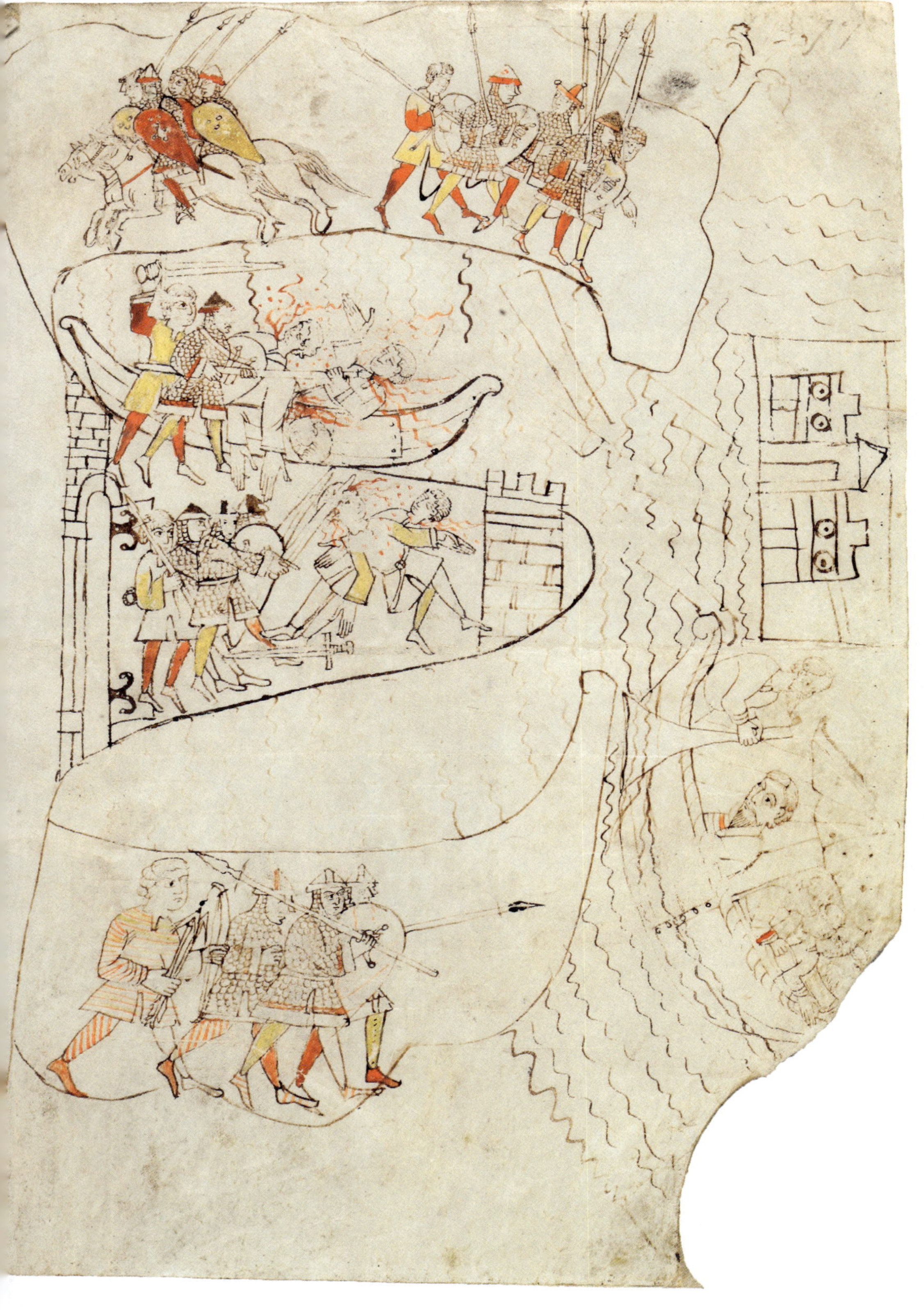

Von Göttern und Helden

Franziska Schnoor

Was ist ein Mythos? Eine recht umfassende Definition beschreibt den Mythos als «traditionelle Erzählung von kollektiver Bedeutsamkeit». Zwei Elemente machen die Definition aus: «Traditionelle Erzählung» bedeutet, dass der erste Erzähler des Mythos nicht namentlich bekannt ist und der Verschriftlichung eine Zeit der mündlichen Überlieferung vorangeht. «Kollektive Bedeutsamkeit» weist darauf hin, dass Mythen wichtig für die Selbstvergewisserung sozialer Gruppen sind.[138]

Die Mythologie der griechischen und römischen Antike lebt vom Zusammenwirken zwischen Göttern und Heroen, die oft Halbgötter sind. Ein zentraler Stoff der griechischen Mythologie ist der Trojanische Krieg, den Homer in seiner *Ilias* und *Odyssee* verarbeitet. In die römische Literatur hat dieser Stoff auf mehrfache Weise Eingang gefunden, u. a. in Vergils Epos *Aeneis*, das den Ursprungsmythos Roms schildert, in der vielleicht von Publius Baebius Italicus im 1. Jahrhundert n. Chr. verfassten *Ilias latina* sowie in den Trojaromanen von Dictys Cretensis *(De excidio Troiae historia)* und Dares Phrygius *(Historia de excidio Troiae).*

Daneben hat auch der Sagenkreis um die Stadt Theben römische Autoren inspiriert. Statius beschreibt in seinem Epos *Thebais* den Zug der Sieben gegen Theben und den Bruderkrieg zwischen den beiden Ödipus-Söhnen Eteocles und Polynices.

Einem besonderen Aspekt der römischen Mythologie widmen sich Ovids *Metamorphosen:* Sie behandeln Verwandlungen, meist von Menschen in Tiere, Pflanzen oder Sternbilder. Damit werden nicht selten die Ursprünge oder das Aussehen von Tieren oder Pflanzen erklärt. Man nennt solche Ursprungserzählungen ätiologische Mythen.

Die Mythen der heidnischen Götterwelt sind im Mittelalter auch in den Klöstern und dort besonders in der Schule gelesen worden, weil sie gutes Latein vermitteln. Das gilt vor allem für die Werke von Vergil und Ovid. Zu Vergils *Aeneis* ist in den beiden um 900 geschriebenen Handschriften Cod. Sang. 861 und 862 die zweite Hälfte des umfangreichen Kommentars des spätantiken Grammatikers Servius (4./5. Jahrhundert) überliefert. Das Epos selbst ist nur noch in Fragmenten aus der Spätantike erhalten (siehe Kapitel 1). Die Sammelhandschrift Cod. Sang. 397, die möglicherweise einst dem St. Galler Abt Grimald (Abt 841–872) gehörte, enthält die *argumenta* zur *Aeneis* – knappe und gut memorierbare Zusammenfassungen in einem halben oder einem Vers pro Buch.

Etwas ausführlichere Zusammenfassungen sind auch in einem 1571 in Frankfurt erschienenen Druck der *Metamorphosen* Ovids den einzelnen Verwandlungsgeschichten vorangestellt. Zusammen mit den Illustrationen helfen sie, den anspruchsvollen Text zu erschliessen und verständlich zu machen.

Verwandlungsgeschichten: Ovids *Metamorphosen*

St. Gallen, Stiftsbibliothek
Cod. Sang. 866, S. 3
Pergament, 94 Seiten
27.5 × 19 cm
Kloster St. Gallen (?), 1100/1150

Ovid, Metamorphosen 1, 99–196. Am unteren Rand eine Zeichnung der Erde mit ihren fünf Zonen.

Die *Metamorphosen* von Ovid (43 v. Chr. – 17 n. Chr.) erzählen in 15 Büchern ätiologische Mythen (Ursprungsmythen). Sie beginnen mit der Erschaffung der Welt und berichten dann von den Ursprüngen der Sternbilder, Tiere und Pflanzen, von denen sich die Menschen in der Antike umgeben sahen und die manchmal einer Erklärung bedurften. So konnte man sich zum Beispiel fragen, warum manche Bäume Harztropfen absondern, wenn man ihre Rinde anritzt. Ovid begründet dies mit dem Mythos von Phaeton, der ohne die Erlaubnis seines Vaters Helios mit dem Sonnenwagen über den Himmel fuhr, die Kontrolle über die Pferde verlor und mit dem Wagen abstürzte. Seine Schwestern trauerten nach seinem Tod so sehr um ihn, dass sie in Pappeln verwandelt wurden, ihre Tränen wurden zu Bernstein.[139]

Ein Mythos, der noch heute im alltäglichen Sprachgebrauch in den Begriffen «Narzisst» und «Narzissmus» präsent ist, berichtet von dem schönen Jüngling Narziss, der die Liebe von Männern wie Frauen zurückweist. Durch den Fluch eines verschmähten Liebhabers verliebt er sich in sein eigenes Spiegelbild, das er in einer Quelle erblickt. Doch kann er das Objekt seiner Zuneigung nicht erreichen. Die unerfüllte Liebe lässt ihn dahinschwinden und schliesslich sterben. An der Quelle bleibt kein Leichnam zurück, sondern eine Blume, die Narzisse: *[…] croceum pro corpore florem / inveniunt foliis medium cingentibus albis* («sie [die Nymphen] finden anstelle des Leichnams eine krokusgelbe Blüte, umgeben von weissen Blütenblättern»; 3, 509–510).

Die Stiftsbibliothek besitzt eine im 12. Jahrhundert entstandene Handschrift mit den *Metamorphosen*, Cod. Sang. 866. Man sieht dem Codex mit seinen stark abgegriffenen Seiten an, dass er viel benutzt wurde. Am Rand und zwischen den Zeilen stehen erläuternde Glossen. Einige stammen aus der Entstehungszeit des Codex, andere aus dem späten 13. Jahrhundert, zum Beispiel die auf der abgebildeten Seite am unteren Rand sichtbare Zeichnung der Erde. Sie veranschaulicht die in Buch 1, 45–51 beschriebenen fünf Erdzonen: *frigus – habitabilis – estus – habitabilis – frigus* («Kälte – bewohnbar – Hitze – bewohnbar – Kälte). Diese Zeichnung stammt der Schrift nach von einem «ehrwürdigen Magister, Lehrer der Knaben» (*venerabilis magister […] rector puerorum*),[140] der sich auf S. 111 nennt und auf S. 112 das Erdbeben vom 3. September 1295 erwähnt.[141] Die Handschrift ist also noch um die Wende zum 14. Jahrhundert im Schulunterricht verwendet worden.

Vermutlich hat derselbe *magister* die vor allem auf den ersten Seiten stark verblichene Schrift mit dunklerer Tinte nachgezogen. Man erkennt, dass er sich bemühte, die vorhandenen Schriftzüge möglichst genau zu imitieren, doch verraten manche Formen, dass die dunkleren Buchstaben aus einer späteren Zeit stammen.

N on galee n ensis erat · sine militis usu
M ollia secure peragebant ocia gentes ·
I psa q̃q immunis rastroq intacta nec ullis
S aucia uomerib; p se dabat oĩa tell'.
C ontentiq cibis nullo cogente creatis
A rbuteos fet' montanaq fraga legebant
C ornaq & in duris herentia mora rubetis
E t q̃ deciderant patula iouis arbore glandes.
U er erat et̃nũ · placidiq tepentib; auris
M ulcebant zephiri nat' sine semine flores.
M ox etiã fruges tellus inarata ferebat ·
N ec renouat' ager grauidis canebat aristis ·
F lumina iã lactis iã flumina nectaris ibant ·
F lauaq de uiridi stillabant ilice mella ·
P ostquã saturno tenebrosa in tartara misso
S ub ioue mund' erat · subiit argentea proles ·
A uro deterior · fului p̃ciosior ere ·
I upiter antiqui contraxit tempora ueris ·
P q hiemes estusq & ineq̃les autumnos ·
E t breui spaciis exegit quatuor annũ ·
T ũ primũ siccis aer feruorib; ustus
C anduit · & uentis glacies astricta pependit ·
T ũ primũ subiere domos · domus antra fuerũt
E t densi frutices · & uincte cortice uirge ·
S emina tũ primũ longis cerealia sulcis
O bruta sunt pssiq iugo gemuere iuuenci ·
T ertia p illã successit enea ples
S euior ingeniis & ad horrida promptior arma ·
N on scelerata tñ · de duro ẽ ultima ferro ·
P rotin' irrupit uene peioris in euũ
O mne nefas · fugere pudor uerũq fidesq
I n quorũ subiere locũ fraudesq doliq
I nsidieq & uis & amor sceleratus habendi ·
U ela dabat uentis nec adhuc bn̄ nouat illos
N auita · quiq diu steterant i montib; altis
F luctib; ignotis insultauere carine ·
C omunemq prius ceu lumina solis & auras
C aut' humũ longo signauit limite mensor ·
N ec tantũ segetes alimentaq debita diues
P oscebat humus · s; itũ ẽ in uiscera terre ·
Q uasq recondiderat stygiisq admouerat umbris
E ffodiunt' opes · irritamenta maloꝝ
I amq nocens ferrũ ferroq nocenci' aurũ
P rodierat · pdit bellũ q pugnat utroq
S anguineaq manu crepitantia concutit arma ·
U iuit' ex rapto · n hospes ab hospite tut' ·
N on socer a gn̄o · fratrũ q̃q gr̃a rara ẽ ·
I mminet exitio uir coniugis · illa mariti ·
L urida terribiles miscent aconita nouerce

F ili' ante diẽ patrios inquirit in annos ·
U icta iacet pietas · & uirgo cede madentes
U ltima celestũ t̃ras astrea reliquit ·
N eue foret t̃ris securior arduus ether ·
A ffectasse fer' regnũ celeste gygantes
A ltaq congestos struxisse ad sidera montes ·
T ũ pat omnipot̃s misso pfregit olympũ
F ulmine & excussit subiecte pelion osse ·
O bruta mole sua cũ corpora dira iacerent
P fusã multo natoꝝ sanguine t̃rã
I mmaduisse fer' calidũq animasse cruorẽ
E t ne nulla sue stirpis monimẽta manerent
I n faciẽ uertisse hoĩm · s; & illa ppago
C ontemptrix supũ seueq auidissima cedis
E t uiolenta fuit · sciles e sanguine natã ·
Q ue pat ut sũma uidit saturnius arce
I ngemit · & facto nõdũ uulgata recenti
F eda licaonie referens conuiuia mense
I ngentes animo & dignas ioue concipit iras ·
C oncilium uocat · tenuit mora nulla uocatos ·
E st uia sublimis celo manifesta sereno
L actea nomen h̃t · candore notabilis ipso ·
H ac it̃ est sup̃is ad magni tecta tonantis
R egaleq domũ · dext̃ leuaq deoꝝ
A tria nobiliũ ualuis celebrant' apertis ·
P lebs habitat diu̾sa locis · hac parte potentes
C elicole clariq suos posuere penates
H ic locus ẽ quẽ si u̾bis audacia detur
H aud timeã magni dixisse palacia celi ·
E rgo ubi marmoreo sup̃i sedere recessu
C elsior ipse loco sceptroq innix' eburno
T errificã capitis concussit terq quaterq
C esariẽ cũ q̃ t̃rã mare · sidera mouit
T alib; inde modis ora indignancia soluit
N on ego p mundi regno mag' anxi' illa
T empestate fui · q̃ centũ q̃sq parabat
I nicere anguipedũ captiuo brachia celo
N am q̃q̃ fer' hostis erat · tũ illud ab uno
C orpe & ex una pendebat origine bellũ
N ũc m̃ q̃ totũ nereus circũsonat orbẽ
P dendũ ẽ mortale gen' · p flumina iuro
I nfera sub t̃ris stygio labentia luco
C uncta p̃us temptanda · s; inmedicabile uulnus
E nse recidendũ ẽ · ne pars sincera trahat'
S unt m̃ semidei · s; rustica numina nymphe
F aunique satyriq & monticole siluani
Q uos qm̃ celi nondũ dignamr honore
Q uas dedim' certe t̃ras habitare sinam'
A n satis o sup̃i tutos fore creditis illos

illos illas

Ac noſtros comitate gradus, & in ardua montis
Ite ſimul. parent, & Dijs præeuntibus, ambo
Membra leuant baculis, tardiq; ſenilibus annis
Nituntur longo veſtigia ponere cliuo.
Tantum aberat ſummo, quantum ſemel ire ſagitta
Miſſa poteſt, flexêre oculos, & merſa palude
Cætera proſpiciunt, tantùm ſua tecta manere.

FAB. XII. ARGVMENTVM.

Iupiter & Mercurius benignitatem Philemonis & Baucidis experti, ſe Deos palàm oſtendunt, eosq; ſecum aſcendere collem iubent. Quo facto, mox ſuum oppidulum in lacum vidēt conuerſum, omnesq; domos præter ſuam caſam, quæ in templum erat mutata, ſubmerſas. Porrò à Dijs optione data ſenibus, vt quicquid vellent, peterent, Philemon ſe templi huius ſacerdotes eſſe ea conditione optauit, vt nec ipſe coniugis, nec vxor eius mortem videret. Voti igitur ambo facti compotes, tandem cùm ad extremam perueniſſent ſenectutem, in arbores euaſerunt.

Dumq; ea mirantur, dum deflent fata ſuorum,
Merſa vident, quærunt q; ſuæ pia culmina villæ:
Sola loco ſtabant. dum deflent fata locorum,
Illa vetus dominis, & iam caſa parua duobus
Vertitur in templum: furcas ſubiêre columnæ,
Stramina flaueſcunt, aurataq; tecta videntur,
Cælatæq; fores, adopertaq; marmore tellus.
Concipiunt Baucisq; preces, timidusq; Philemon,

Domus Philemonis & Baucidis in templum.

Talia

Talia cum placido Saturnius edidit o
Dicite iuſte ſenex, & fœmina coniuge
Digna, quid optetis? cum Baucide pa
Iudicium ſuperis aperit commune Ph
Eſſe ſacerdotes, delubraq; veſtra tuer
Poſcimus: & quoniam concordes egi
Auferat hora duos eadem, nec coniug
Buſta meæ videam, neu ſim tumulan
Vota fides ſequitur, templi tutela fu
Donec vita data eſt: annis, æuoq; ſol
*Ante gradus * templi cùm ſtarent fo*
Narrarent caſus, frondere Philomen.
Baucida conſpexit ſenior frondere P
Iamq; ſuper geminos creſcente cacu

Pub. Ovidii Nasonis Metamorphoseon libri XV [...], Frankfurt a. M.: Georg Rab d. Ä. und Weigand Han (Erben), 1571
St. Gallen, Stiftsbibliothek
Band NN rechts VI 14, S. 302–303
Papier, 16, 573, 19 Seiten
15.5 × 9.5 cm

Ein illustrierter Druck der *Metamorphosen* von Ovid

Die antiken Mythen müssen in einer Zeit, in der ihre Götterwelt nicht mehr Teil des Alltagsglaubens ist, erklärt und anschaulich gemacht werden. Im Mittelalter geschieht das überwiegend mit Glossen, umfangreichen Kommentaren oder *accessus* (kurzen Inhaltsangaben). Mit dem Buchdruck kommt ein weiteres Medium der Veranschaulichung hinzu, nämlich die Illustration durch Holzschnitte. Ovids *Metamorphosen* mit ihren vielen Verwandlungsgeschichten bieten sich für Abbildungen geradezu an; dementsprechend sind seit der Einführung des Buchdrucks bis 1800 mehrere hundert illustrierte Ausgaben der *Metamorphosen* gedruckt worden.[142]

Die ausgestellte Ausgabe ist 1571 in Frankfurt am Main bei Georg Rab dem Älteren erschienen. Sie enthält neben einer Vielzahl von Illustrationen auch Zusammenfassungen der einzelnen Geschichten. Diese sind – anders als etwa der unten (S. 72) besprochene *accessus* zu Vergils *Aeneis* – in Prosa verfasst und dadurch leichter zu verstehen als der poetische Text der *Metamorphosen*.

Als Beispiel sei hier die Geschichte von Philemon und Baucis (8, 611–724) vorgestellt. Jupiter und sein Sohn Merkur besuchen inkognito eine Stadt in Phrygien. Keiner der Einwohner lässt die Wanderer ein, nur das ältere Ehepaar Philemon und Baucis nimmt sie gastfreundlich auf und setzt ihnen reichlich zu essen vor. Als der Weinkrug sich auf wunderbare Weise immer wieder füllt, erkennen Philemon und Baucis, dass sie es mit Göttern zu tun haben. Jupiter und Merkur führen sie auf einen Hügel oberhalb der Stadt. Von dort kann das Ehepaar mit ansehen, wie die ganze Stadt überschwemmt wird. Lediglich ihr kleines Haus bleibt verschont und verwandelt sich in einen Tempel. Zum Dank für die Gastfreundschaft gewähren die Götter ihnen ausserdem einen Wunsch. Philemon bittet darum, als Priester im Tempel dienen zu dürfen und gleichzeitig mit Baucis zu sterben, damit keiner den Tod des Partners bzw. der Partnerin miterleben müsse. Diese Wünsche gewährt ihnen Jupiter, und als die beiden ein gesegnetes Alter erreicht haben, werden sie in eine Eiche und eine Ulme verwandelt.

Auf dem Holzschnitt sind mehrere Stadien des Mythos dargestellt. Im Vordergrund sieht man Philemon und Baucis im Moment ihrer Verwandlung in Bäume, auf den Stufen des Tempels kniend. Im Hintergrund ist die überflutete Stadt zu erkennen, auf einem Hügel oberhalb der Stadt stehen Jupiter und Merkur.

Als dritte Schicht der Erschliessung des Mythos – neben Zusammenfassung und Illustrationen – stehen am Rand kurze Bemerkungen, die angeben, wer in was verwandelt wird, hier «das Haus von Philemon und Baucis in einen Tempel» (S. 302) und «Philemon und Baucis in Bäume» (S. 303).

Vergils *Aeneis* auf sechs Verse komprimiert

Die Sammelhandschrift Cod. Sang. 397, die um die Mitte des 9. Jahrhunderts entstanden ist, enthält neben Texten zur Osterfestberechnung und Arithmetik, Predigten, Rezepten, Notizen zu karolingischen Herrschern, Glossaren, Gedichten und Listen mit den Namen der neun Musen oder der Nymphen auch kurze Zusammenfassungen der *Aeneis* Vergils.[143] In diesen extrem verknappten Inhaltsangaben *(argumenta)* ist jedem Buch der *Aeneis* nur ein Vers oder sogar nur ein halber Vers gewidmet. Die kürzeren *argumenta* sind in der Bildlegende transkribiert und übersetzt. Aber worauf spielen sie an?

1: Ein Seesturm verschlägt Aeneas, der aus Troja flieht, an die Küste von Karthago. 2: Rückblick: Aeneas berichtet vom Untergang Trojas. 3: Rückblick: Aeneas berichtet von seinen Irrfahrten auf dem Meer von Troja nach Karthago. 4: Dido (auch Elissa genannt), die Königin von Karthago, verliebt sich in Aeneas. Als er Karthago verlässt, begeht sie Selbstmord. 5: Auf Sizilien veranstaltet Aeneas anlässlich des Todestages seines Vaters, der dort ein Jahr zuvor gestorben ist, Leichenspiele mit sportlichen Wettkämpfen. 6: An der Westküste Italiens gelandet, steigt Aeneas, geführt von der Sybille von Cumae, in die Unterwelt hinab. Dort zeigt ihm Anchises die künftige Bedeutung Roms. 7: Aeneas wird in Latium vom König Latinus freundlich aufgenommen. Als dieser ihm seine Tochter Lavinia zur Frau verspricht, wird Turnus, der Fürst der Rutuler, eifersüchtig und bereitet sich vor, gegen Aeneas zu kämpfen. 8: Aeneas rüstet sich zum Kampf gegen Turnus. 9: Hyrtacides (mit anderem Namen Nisus), ein Trojaner, stirbt den Heldentod, als er versucht, zu Aeneas zu gelangen, um ihm von der Belagerung des trojanischen Lagers durch Turnus zu berichten. 10: Pallas, der jugendliche Bundesgenosse des Aeneas, wird im Zweikampf von Turnus getötet. 11: Drances, ein Rutuler, der aber Turnus hasst, rät diesem zum Zweikampf mit Aeneas. 12: Aeneas tötet Turnus im Zweikampf.

Wie man sieht, ist es nicht einfach, aus den stark verkürzten Angaben auf den Inhalt der Bücher zu schliessen. Wenn man aber die *Aeneis* schon einigermassen kennt, können sie als Gedächtnisstütze dabei helfen, den Inhalt des umfangreichen Epos zu memorieren.

In der Forschung besteht überwiegend die Meinung, dass es sich bei Cod. Sang. 397 um das persönliche Handbuch von Abt Grimald von St. Gallen (Abt 841–872) handelt.[144] Er besass einen Codex mit den Werken Vergils (siehe oben S. 44). Es wäre also durchaus naheliegend, dass er auch Interesse an einer Kurzzusammenfassung des Epos hatte.

St. Gallen, Stiftsbibliothek
Cod. Sang. 397, S. 145
Pergament, 148 Seiten
21 × 16 cm
Aachen/Regensburg (?) und Kloster St. Gallen, 830–872

In der linken Spalte (Mitte) ist die ganze *Aeneis* Vergils in nur sechs Hexametern zusammengefasst:
Primus habet pelagi minas terraeque secundus. / Tertius errores et amores quartus Elissae. / Quintus habet ludos. Sextus deducit ad umbras. / Septimus Ausonios, Aenean proximus armat. / Nonus Hyrtadicen, decimus Pallanta peremit. / Undecimus Drancem damnat, pars ultima Turnum.
«Das erste enthält die Drohungen des Meers, das zweite die des Lands. Das dritte die Irrfahrten und das vierte die Liebe der Elissa. Das fünfte enthält Spiele. Das sechste führt zu den Schatten hinab. Das siebte bewaffnet die Ausonier, das darauffolgende den Aeneas. Das neunte tötet Hyrtadices, das zehnte Pallas. Das elfte verdammt Drances, der letzte Teil den Turnus.»

OUIDII NASONIS.

Excusatum est.

[...]uantum uirgilius magno concessit homero.
Tantum ego uirgilio naso poeta meo.
[...]ec me praelatum cupio tibi ferre poetam.
Ingenio si te subsequor hoc satis est.
[...]rgumenta quidem librorum prima notaui.
Errorem ignarus ne quis habere queat.
[...]is quinos feci legerent quos carmine uersus.
Aeneidos totum corpus ut esse putent.
[...]d firmo grauitate mea me carmine nullum.
Liuoris titulum praeposuisse tibi.

EIUSDEM DE XII LIB. ENEIDORUM.

[...]rimus habet pelagi minas terraeque secundus.
[...]ertius errores et amores quartus elissae.
[...]uintus habet ludos sextus deducit ad umbras.
[...]eptimus ausonios aenean proximus armat.
[...]nus hirtaciden decimus pallanta peremit.
[...]ndecimus drancem damnat pars ultima turnum.

ITEM EIUSDEM. In Catalect.

[...]neas primo libycis appellitur oris.
[...]unera dardaniae narrat defletque secundo.
[...]ertius errores pelagi terraeque recenset.
[...]ritur in quarto dido flammasque fatetur.
[...]uintus habet ludos et classem corripit ignis.
[...]aperit et lin sexto manes et tartara ditis.
[...]ptimus aenean reddit fatalibus aruis.
[...]ae parat octauo bellum quos mittat in hostes.
[...]nus habet pugnas neo adest dux ipse tumultu.
[...]ernitur aenee decimo mezentius ira.
[...]decimo uicta est non aequo marte camilla.
[...]decimo turnus diuinis occidit armis.

Martialis.

Rure morans quid agam respondi pauca rogatus.
Mane deum exoro famulos post arua uiso.
Partior usque meis iustos indico labores.
Inde lego phebumque cio musamque lacesso.
Tunc oleo corpus fingo mollique palestra.
Stringo libens animo gaudens ac foenore liber.
Prandeo poto cano ludo lauo caeno quiesco.

Der Trojamythos in einer spätmittelalterlichen Handschrift für den Schulunterricht

St. Gallen, Stiftsbibliothek
Cod. Sang. 858, S. 3
Papier, 862 Seiten
30.5 × 21–22 cm
Lindau, 1499/1504

Federzeichnung der Stadt Troja als Illustration zur *Ilias latina*.

Die Handschrift Cod. Sang. 858 wurde gemäss zwei Einträgen zwischen 1499 und 1504 geschrieben und im Schulunterricht verwendet. Auf S. 488 steht, dass sie im Jahr 1499 unter dem Lindauer Schulmeister Cunradus Reuschman, der mit ihrer Hilfe seine Schüler unterrichtete, vollendet wurde.[145] Aus einer Bemerkung am Ende eines Briefs des Erfurter Theologen und Philosophie-Professors Jodocus Trutfetter (1450–1519), in der das Jahr 1504 genannt wird, geht ferner eine Verbindung zum Leipziger Universitätsmilieu hervor.[146]

Der Codex enthält neben einigen Werken von italienischen Autoren des 15. Jahrhunderts überwiegend Werke aus der Antike. Vergil ist mit den *Bucolica*, den *Georgica* und zwei Büchern der *Aeneis* vertreten, von Horaz findet man die *Epistulae*, das *Carmen saeculare*, die *Ars poetica* und die Epoden. Neben den Satiren von Persius und der Komödie *Andria* von Terenz bietet die Handschrift auch philosophische Texte von Seneca (*De providentia*; *Epistulae morales*) sowie Werke des Geschichtsschreibers Sallust (*De coniuratione Catilinae*; *Bellum Iugurthinum*).

Den grösseren Werken ist in der Regel eine Inhaltsangabe vorangestellt, und sämtliche Texte sind mit Kommentaren versehen, die nicht nur grammatikalische Probleme, sondern auch den Inhalt der Werke erläutern, sich also an etwas fortgeschrittene Schüler richten.

Der erste Text der Handschrift ist die *Ilias Latina* eines Autors, der seit dem 20. Jahrhundert mit Publius Baebius Italicus identifiziert wird, auch wenn die Identifizierung unsicher bleiben muss.[147] Sein Name geht zum Teil aus einem Akrostichon hervor: Die Anfangsbuchstaben der ersten Verse im Prolog bilden den Namen *ITALICPS* (in Cod. Sang. 858 *ITALICES*, gemeint ist wohl *Italicus*), diejenigen des Epilogs das Wort *SCQIPSIT*, das sich durch Umstellung der Wörter im sechstletzten Vers problemlos zu *SCRIPSIT* («hat geschrieben») korrigieren lässt. Publius Baebius Italicus lebte im 1. Jahrhundert n. Chr. und wurde unter Domitian im Krieg gegen die im Taunus ansässigen Chatten ausgezeichnet. Er war ausserdem Statthalter von Lycia-Pamphilia. Abgesehen von der ihm zugeschriebenen *Ilias Latina* ist nichts über eine schriftstellerische Tätigkeit von ihm bekannt.[148]

Dass der Dichter der *Ilias Latina* sehr belesen war, zeigen Anklänge an Senecas Tragödien und die Werke von Vergil und Ovid. Er übersetzt und komprimiert die *Ilias* Homers auf 1070 Hexameter, was knapp 7% des Originalumfangs entspricht. So macht er das Epos über den Trojanischen Krieg einfacher zugänglich. In Cod. Sang. 858 ist dem Textanfang eine kolorierte Federzeichnung der Stadt Troja vorangestellt, die mit ihren Fachwerkhäusern, Treppengiebeln und bunten Dachziegeln so aussieht wie eine Stadt um die Wende zum 16. Jahrhundert.

Troia

Ein fiktiver Augenzeugenbericht über den Trojanischen Krieg

St. Gallen, Stiftsbibliothek
Cod. Sang. 197, S. 1–87 (S. 1)
Pergament, 398 Seiten
25.5 × 18.5 cm
Kloster St. Gallen,
9. und 10. Jahrhundert

Prolog und Beginn des Trojaromans von Dictys Cretensis.

Einen besonderen Zugang zum Troja-Mythos wählt der im 1. oder 2. Jahrhundert n. Chr. entstandene Trojaroman, der unter dem Pseudonym «Dictys Cretensis» erschienen ist. Der Autor behauptet, Dictys Cretensis habe als offizieller Kriegsberichterstatter der Kreter am Krieg teilgenommen und einen Augenzeugenbericht über die Geschehnisse hinterlassen.[149] Darauf spielt auch der Titel des Werks, *Ephemeris belli Troiani* («Tagebuch des Trojanischen Kriegs»), an.

Um seine Fiktion glaubwürdig zu machen, erfindet der Autor eine detaillierte Fundgeschichte des Werks: Dictys soll auf dem Sterbebett dafür gesorgt haben, dass sein auf Lindenbast notierter Bericht mit in sein Grab auf Kreta gelegt wurde. Im 13. Jahr der Regierung Neros öffnete ein Erdbeben in der Gegend von Knossos sein Grab, und Hirten fanden die Bücher. Weil sie die Schriftzeichen nicht verstanden – die Bücher waren angeblich in phönizischer Sprache und Schrift geschrieben –, brachten sie sie zu ihrem Herrn Eupraxides. Dieser erkannte den Wert der Bücher und gab sie dem Statthalter Kretas, Rutilius Rufus, der Eupraxides mit ihnen zu Nero nach Rom schickte. Nero berief Experten, die ihm den Inhalt des Werks darlegten, und liess dann den Bericht ins Griechische übersetzen und in die Griechische Bibliothek aufnehmen.[150]

Von der griechischen Fassung sind heute nur noch zwei Papyrusfragmente erhalten, deren älteres auf etwa 200 n. Chr. zu datieren ist.[151] Vielleicht im 4. Jahrhundert wurde der griechische Bericht durch einen weiter nicht bekannten Septimius ins Lateinische übersetzt.[152] Diese Übersetzung ist gegenüber dem griechischen Text manchmal gekürzt, an anderen Stellen aber auch erweitert, um die Darstellung anschaulicher zu machen. Manchmal zitiert Septimius den Historiker Sallust (86–35/34 v. Chr.), was einerseits ein Bemühen um ein gehobenes stilistisches Niveau zeigt, andererseits auch moralisierende Tendenzen in den Text einbringt.[153]

Verglichen mit dem Troja-Mythos in Homers *Ilias* bietet Dictys Cretensis eine realistischere und rationalere Darstellung des Trojanischen Kriegs. Ein wichtiges Element des ursprünglichen Mythos ist stark in den Hintergrund gedrängt: Die Götter kommen zwar als treibende Kräfte gelegentlich vor, treten aber nicht persönlich in Erscheinung.[154] Der Autor sympathisiert mit den Griechen, die vor allem zu Beginn sehr positiv dargestellt werden, auch wenn ihr Bild im Laufe des Werks differenzierter wird.[155]

Die um 900 im Kloster St. Gallen geschriebene Handschrift Cod. Sang. 197 ist der älteste und beste mittelalterliche Textzeuge der lateinischen Fassung.[156] Sie enthält ausser der *Ephemeris* des Dictys Cretensis noch einen weiteren lateinischen Trojaroman, die *Historia de excidio Troiae* des Dares Phrygius.

DICTYS CRETENSIS GENERE GNOSSO CIUITATE · HISDEM TEMPORIBUS ·

quib; & atridae fuit, peritus uocis ac litteris foenicum quae a cathmo in achaiam fuerant delatę. Hic fuit socius idomenei deucalionis filii · & merionis ex molo · qui duces cum exercitu contra ilium uenerant. A quib; ordinatus est · ut annales belli troiani conscriberet. Igitur de toto bello sex uolumina in tilias digessit · foenicaes litteris. Quae iam reuersus senior in cretam · p̄cepit moriens · ut secū sepelirentur. Itaq; ut ille iusserat · memoratas tilias in stagnea arcula repositas eius tumulo condiderunt. Verum secutis temporib; tertio decimo · Anno neronis imperii · in gnosso ciuitate terrae motus facti · cū multa · tum etiā sepulchrum dyctis ita patefecerunt · ut a transeuntib; arcula uiseretur. Pastores itaq; p̄tereuntes cum hanc uidissent · thesaurū rati sepulchro abstulerunt. Et aperta ea inuenerunt tilias incognitis sibi litteris conscriptas continuoq; ad suum dominum eupraxidē quendam nomine pertulerunt. Qui agnitas quae nā eēnt litteras rutilio rufo illius insulę tunc consulari obtulit. Ille cum ipso eupraxide ad neronem oblata sibi transmisit · existimans quaedam in his secretiora contineri. Haec igitur cum nero accepisset · aduertissetq; punicas eē litteras · harum peritos ad se euocauit; qui cū uenissent int̄p̄tati sunt omīa. Cumq; nero cognosset antiqui uiri qui apud ilium fuerant haec eē monumenta · iussit in grecū sermonē ista transferri. E quib; troiani belli uerior textus cunctis innotuit. Tunc eupraxiden munerib; et romana ciuitate donatum ad p̄pria remisit. Annales uero nomine dictys inscriptos · in grecam bibliotecā recepit · quorum seriem · qui sequitur textus ostendit.

HAEC INSUNT DICTYS EPHEMERIDOS BELLI TROIANI LIBRI SEX ·

Cuncti reges qui minois ioue geniti p̄nepotes graeciae imperitabant · ad diuidendas inter se atrei opes · cretam conuenere.

Der Krieg um Theben

St. Gallen, Stiftsbibliothek
Cod. Sang. 865, S. 21
Pergament, 204 Seiten
19.5–20.5 × 10.5–12 cm
Um 1200

Beginn des 2. Buchs der *Thebais* von Statius.

Neben dem Trojanischen Krieg war auch der Bruderkrieg zwischen den Ödipus-Söhnen Eteocles und Polynices ein beliebter Stoff des antiken Mythos. Publius Papinius Statius (um 45–um 96 n. Chr.) schildert diesen Krieg in seiner *Thebais*, einem Epos in zwölf Büchern. Statius, der von seinem Vater ausgebildet wurde, gewann mehrere Dichterwettkämpfe. Er verfasste noch ein weiteres, aber unvollendetes Epos, die *Achilleis*, und Gelegenheitsgedichte *(Silvae)*. An seinem Hauptwerk, der *Thebais*, arbeitete er etwa von 79 bis 91 n. Chr.[157]

Die erste Hälfte des Epos schildert, wie es zum Krieg kam, während die zweite Hälfte sich dem Krieg selbst widmet. Eteocles und Polynices, die beiden Söhne, die aus dem Inzest des Ödipus mit seiner Mutter Iocaste hervorgegangen sind, sollen abwechselnd über Theben herrschen, doch Eteocles hält sich nicht an die Vereinbarung und verbannt seinen Bruder. Polynices sinnt auf Rache und zieht mit seinen auf Argos gewonnenen Freunden gegen Theben. Nach und nach fallen alle Heerführer im Krieg, bis am Schluss nur noch die beiden Brüder übrig sind und, von den Furien angestachelt, sich gegenseitig umbringen.

Statius beschreibt, wie Menschen Unglück über sich und ihre Umwelt bringen, weil sie vom Weg des richtigen und guten Verhaltens *(pietas)* abweichen. Machtgier und Hass, Raserei und Frevel prägen die Handlung. Statius schildert diese Affekte mit leidenschaftlichem Pathos. Indem er über ein Drittel des Epos als direkte Rede formuliert, zieht er den Leser in die aufgeregte Handlung hinein. Seine Weltsicht ist überwiegend pessimistisch, doch beschreibt er auch immer wieder von *pietas* geprägte Handlungen, die das Unheil überwinden.[158]

Die *Thebais* war zu Lebzeiten des Statius populär, dann aber vor allem im 5. und 6. Jahrhundert und wieder ab dem 10. Jahrhundert, als sie zur Schullektüre wurde.[159] Im Kloster St. Gallen gab es mindestens zwei Handschriften davon. Ein in St. Gallen geschriebener Codex des 11. Jahrhunderts befindet sich heute als Dauerleihgabe der Zentralbibliothek Zürich in der Stiftsbibliothek (Ms. C 62). Die hier abgebildete Handschrift, Cod. Sang. 865, ist um 1200 entstanden. Das Epos ist durch zahlreiche Interlinear- und Marginalglossen erläutert, metrische *argumenta* fassen den Inhalt der einzelnen Bücher zusammen. Auffällig sind die mit grüner und orangefarbener Tinte geschriebenen Initialen zu Beginn jedes Buchs.

Wahrscheinlich ist der Codex nicht in St. Gallen geschrieben worden; das lässt jedenfalls das wohl von derselben Hand auf S. 96–197 eingetragene Klagelied des Ödipus um seine Söhne *(Planctus Oedipodis)* vermuten. Die Melodie ist auf vier Notenlinien notiert. Notenlinien waren aber in St. Gallen im 12./13. Jahrhundert nicht üblich, was gegen eine Entstehung der Handschrift im Galluskloster spricht.

h orruit ī pharetis. ultor ↄ̄ corua mega
I eriun ū phlegiā subē c aua saxa iacētē.
c ōno p̄mit accubitu dapib; q; p̄phanis
I stimulat. s; mixta famē fastidia uinc̄t
a ssis. ō memor hospicii. iunoniaq; arua
D extē amēs. seu te roseū titana uocari
g entis achimenie ritu. seu p̄stat osiri
f rugiferū. seu p̄sei sub rupib; antri.
I dignata seq̄ torq̄ntē cornua mitrā.

Incipit . II.

A t aia ī genit⁹ supas remeabat ad auras
ycrete q; herebo iā seu⁹ las ibat
a mari ī frē dir̄ echiocleā purget
ī tristis uulnū mētis hora ī sonnis
q̄ fossū q; senis iugulū faciēq; reclusit
a) gx q; suis thalamis natas sociauit adrasti
B ī philen cōdī agiā polinicis amaci
S; cupid⁹ regni fortē cadmei herōs
T idea legat̄ mittit q̄ feda frēm
p oscēt ī p̄ū ille sue n̄ ī memor ire
Q n̄q̄ginta uiros legat̄ ob fide ī sit
Q ī strauit cet̄. uictor patāq; reuisit;
I ntā gelidis. maia sat⁹ aliger ūbris.
p̄ sa gerēns magni remeat iouis. ūdiq; pig̃.
I re uetāt nubes. 7 t̄ibid⁹ īplicat aer.
N ec zephiri rapuere gdūs; feda silentis.
a ura polistir ī n̄. ī x. ecū flua cāptis.
h īc obiecta uias torrentē ī cendia claudēt.
P one senex trepida succedit las ūbra.
W lne tard⁹ adhuc; capulo nā largi illi.
I nfabilē costas cognatis ictib; ensis.
I pl. 7 p̄missi itiax p̄culit iras.
I ē cū. 7 medica firmat uestigia uirga
T ū steriles luci possessa q; manib; arua
c ferrugineū nemus ad stupet. ipsaq; tellus
m irat̄ patuisse tet. nec liuida tabes.
I nuidie functis. q̄q̄. 7 iā lumine cassis

Marginal gloss: Normandie… apud persas quondam antea erat sol depictus in similitud⁹ leonis. 7 luna in similitud⁹ uacce. Sol idō habebat illā similitud⁹ ut significaret hoc dominium sup lunā quēadmodum leo sup cetera aialia … [illegible] … cornua a sole … minuit. 7 cornua … ad solē. 7 inde indignata sequi … minuit claritate sua … donec … intelligendum … antri ubi erant depicta … significabat … sol 7 luna … phebus uocatur.

Die St. Galler Klosterbibliothek und die Humanisten

Philipp Lenz

Die Konzilien von Konstanz (1414–1418) und von Basel (1431–1449) sind nicht nur für die Kirchengeschichte, sondern auch für die Verbreitung des Humanismus nördlich der Alpen von grosser Bedeutung.[160] Sie dienten als Bücherumschlagplätze, ermöglichten den Gedankenaustausch unter humanistischen Gelehrten, die die Konzilsväter begleiteten, und boten jenen die Möglichkeit zur Suche nach Handschriften mit antiken Werken in den alten Klosterbibliotheken nördlich der Alpen.[161]

So erstaunt es nicht, dass das Kloster St. Gallen mehrfach Ziel humanistischer Gelehrter war. Während des Konstanzer Konzils besuchten Poggio Bracciolini, Cencio de' Rustici und Bartolomeo Aragazzi da Montepulciano im Juni oder anfangs Juli 1416 die Klosterbibliothek. Poggio und Cencio berichteten in ihren nicht deckungsgleichen Briefen über den Fund von Valerius Flaccus' *Argonautica*, Asconius' und Pseudo-Asconius' Kommentar zu Reden Ciceros, Laktanz' *De ira dei et opificio hominis*, Vitruvs *De architectura*, Priscians *Partitiones XX versuum Aeneidos principalium* und Quintilians *Institutio oratoria*. Gemäss einem weiteren Brief fanden Poggio und Bartolomeo bei einem zweiten Besuch im Januar 1417 in St. Gallen Vegetius' *De veteri disciplina rei militaris*, einen Auszug des Paulus Diaconus aus Pompeius Festus' *De verborum significatu* und weitere Werke.[162]

Der St. Galler Quintilian stellte einen bedeutsamen Fund dar, denn die *Institutio oratoria* war bis dahin nur unvollständig bekannt gewesen. Die Handschrift ist wahrscheinlich identisch mit Zürich, Zentralbibliothek, Ms. C 74a, einer von Ekkehart IV. annotierten Abschrift aus dem 11. Jahrhundert, die im Zusammenhang mit dem Toggenburgerkrieg 1712 von Zürcher Truppen aus der Klosterbibliothek geraubt und in die Limmatstadt verschleppt wurde; seit 2006 wird sie als Leihgabe der Zentralbibliothek Zürich wieder in der St. Galler Stiftsbibliothek aufbewahrt.[163] Alle übrigen oben erwähnten Handschriften sind nicht mehr erhalten.

Noch wichtiger als das Auffinden Quintilians war jedoch die Entdeckung des Asconius und Pseudo-Asconius. In der Tat geht die gesamte gegenwärtige Textüberlieferung auf Abschriften zurück, die von Poggio und anderen von der heute verlorenen St. Galler Handschrift erstellt wurden. Das Autograph von Poggio ist erhalten und überliefert neben den Kommentaren des Asconius und Pseudo-Asconius den oben erwähnten Neufund der ersten Bücher der *Argonautica* des Valerius Flaccus.[164]

Die Briefe der italienischen Humanisten aus den Jahren 1416 und 1417 erbringen überdies den frühesten Nachweis dafür, dass die Bücher (mit der Ausnahme der liturgischen Bücher) bis zum Bau eines repräsentativen Bibliotheksgebäudes in einem Turm untergebracht waren. Laut dem späteren Zeugnis von Joachim von Watt handelte es sich dabei um den sogenannten Hartmutturm.[165] Dieser Umstand und das Selbstbildnis der Humanisten als Retter des

210

fr Gwi habuit hunc librum

a paruerunt apostolis

Beatus gallus cum eiusdem

ABA

plaud canore iubilo · ergo ... et nos dno

Plene parature octo · auro tectis albis. stolis. mappulis. cingulis.
Tres parature uoctiuo uariatis albis Preterea II albe auro insigne
Sine albis una ac XX parature Preterea casule XXVI. Purpuree casule syriace XXVIII
Simul omnium casule LXXVI. Octo cappe auro parate His exceptis XXIIII. Inter omnes capp XXXII.
Preter hec IIII stole auree · Mappule XVIIII cum auro · Cingul V auree. Ad cotidianos usus XI stole
mappul toride cingul VI. Inter omnes stol XLVII · Mappul LXIIII · Cingul XLII Subtilia IIII aurata
Preterea XVIII · Pronum cum mapp auro insignit Dalmatice II aurate · Preterea XI · bone ·
XVIIII uetuste · Inter omnes subtil XXI · Inter omnes dal XXXII

Tapetia longiora VIIII · Latiora XLII · Ad furmulas XIIII Stratoria plumatia XXI
Inter omnes XXIIII · apptte due ...

St. Gallen, Stiftsbibliothek Cod. Sang. 623, S. 210 Pergament, A–D, 212, W–Z Seiten 30 × 21,5–22 cm Kloster St. Gallen, um 850 oder 850/900

Am Schluss der Handschrift mit der Universalgeschichte des Iunianus Iustinus, *Epitoma historiarum Philippicarum Pompei Trogi*, steht rechts oben der Ausleihvermerk *Frater Sig[ismundus] habuit hunc librum 63* («Bruder Sig[ismund] hatte dieses Buch [im Jahr] 63»).

antiken Erbes und als Lichtträger der Gegenwart lieferten die Grundlagen für ihre berühmten stilisierten und dramatischen Schilderungen, in welchen der Turm beziehungsweise die Bibliothek als dunkler Kerker und die Bücher als erbarmungswürdige Gefangene erscheinen, die es zu befreien und ans Licht zu bringen gälte.[166]

Vom anhaltenden Renommee der St.Galler Klosterbibliothek zeugt der Besuch durch Enea Silvio Piccolomini († 1464), den Humanisten und späteren Papst Pius II., im Jahr 1449.[167] Wie bereits erwähnt, überliefert Cod. Sang. 859 eine Abschrift seines literarischen Briefs an Prokop von Rabenstein (Wien, 26. Juni 1444), die im 15. Jahrhundert angefertigt wurde. Ob die Briefabschrift auf den Besuch von Enea Silvio Piccolomini zurückzuführen ist, muss offenbleiben.[168]

Ein gutes Dutzend Jahre später, von 1462 bis 1463, weilte Sigismund Meisterlin († 1497), der Augsburger Frühhumanist und Konventuale von St. Ulrich und Afra, im Kloster St.Gallen. Während er dort als Novizenmeister amtete, benutzte er auch die Bibliothek und vermittelte möglicherweise neu erstellte Abschriften von zwei St.Galler Werken an sein Heimatkloster.[169] Ein bislang übersehenes Zeugnis offenbart unmittelbar seine Benutzung der Bibliothek des Gallusklosters und sein Interesse für die antike Geschichtsschreibung. In Cod. Sang. 623, einer Handschrift mit den Auszügen des Iustinus aus den *Historiae Philippicae* des Trogus aus der Mitte oder der zweiten Hälfte des 9. Jahrhunderts, steht nämlich auf S. 210 der Vermerk *Frater Sig[ismundus] habuit hunc librum 63* («Bruder Sig[ismund] hatte dieses Buch [im Jahr] 63»), der mit grosser Wahrscheinlichkeit die Ausleihe dieser Handschrift durch Sigismund Meisterlin im Jahr 1463 festhält.[170] Ob die zahlreichen Marginalien auf den ersten dreissig Seiten der Handschrift, die vornehmlich im Geschichtswerk erwähnte Eigennamen vermerken, vom besagten Frühhumanisten oder von einem anderen interessierten Leser aus der zweiten Hälfte des 15. Jahrhunderts oder vom Beginn des 16. Jahrhunderts stammen, bleibt noch zu untersuchen.[171]

Obschon das Kloster St.Gallen nach der Durchführung von Reformen in der zweiten Hälfte des 15. Jahrhunderts aufblühte, was unter anderem zur Neuorganisation und Instandsetzung der Bibliothek und ihrer Bücher um 1460 führte, entfaltete der Humanismus dort kaum Wirkung.[172] Einen nachhaltigen humanistischen Einfluss scheint auch Sigismund Meisterlin trotz seines längeren Aufenthalts nicht auf den St.Galler Konvent ausgeübt zu haben. Gewisse humanistische Neigungen im engeren Sinn sind punktuell am ehesten beim weltlichen fürstäbtlichen Kanzler Ulrich Hux (1485–1494) und beim Konventualen Johannes Longus auszumachen, die beide mit dem Einsiedler Dekan und Frühhumanisten Albrecht von Bonstetten († 1504) im Briefverkehr standen.[173] Zwar griffen St.Galler Konventualen in der zweiten Hälfte des 15. Jahrhunderts auf alte Handschriften zurück, um die eigene Vergangenheit wiederzubeleben und dadurch die Identität des Klosters zu stärken, doch galt ihr Hauptinteresse den Hausheiligen, der Klostergeschichte und den Sequenzen des Notker Balbulus.[174]

Wir lassen die Reihe illustrer Humanisten, die die Bibliothek des Klosters St.Gallen aufsuchten und durchstöberten, mit einem Sohn der Stadt St.Gallen, Joachim von Watt, genannt Vadian († 1551), ausklingen.[175] Der St.Galler Humanist und Reformator durchforschte zwischen 1509 und 1532 mehrmals die Bibliothek nach historischen, hagiographischen und juristischen Quellen, lateinischen Versdichtungen des Mittelalters, althochdeutscher Literatur und anderen Werken, die er herausgab oder auswertete.[176] Eigenhändige Einträge Vadians in einigen Handschriften der Stiftsbibliothek legen davon noch heute Zeugnis ab. Ein gutes Beispiel bietet Cod. Sang. 727 mit einer frühmittelalterlichen Abschrift der Kapitulariensammlung des Abtes Ansegis von Fontenelle, in welcher Vadian an drei Textstellen Notizen in humanistischer Kursive anbrachte. Ein Zeitgenosse Vadians, Johannes Rütiner, erläutert in seinem *Diarium* (1529–1539), dass der Gelehrte diese Handschrift durchgesehen und daraus Notizen genommen habe, um Material für eine geplante Kirchengeschichte von Christi Geburt bis zur Gegenwart (*De quatuor Christianismi aetatibus*) zu sammeln.[177] Vadian ahmte in der Schilderung seiner Besuche und der Bücher der Klosterbibliothek die berühmten Vorbilder Poggios und dessen Gefährten nach; er hatte zudem wie diese keine Skrupel, Urkunden und einzelne Bücher dem Kloster zu entfremden.[178]

St. Gallen, Stiftsbibliothek
Cod. Sang. 727, S. 55
Pergament, 256 Seiten
31 × 21 cm
Reims, 870/900

Joachim von Watt (Vadian) unterstrich eine Textstelle in der Kapitulariensammlung des Abtes Ansegis von Fontenelle und notierte daneben *Vide errorem crassissimum* («Beachte den groben Fehler»).

suũ offendant. Gubernatio. ne in cotidianis uitae comea-
tibus prelatorum adminiculo destituta fatiscant.

De feminis et abbatissis quales sint quę monasteriis puellaribus preferri debent.

Monasteriis sane puellaribus tales preferri debent femi-
nę. et abbatissę credi. quę et se et subditũ gregẽ cũ magna re-
ligione et castitate custodire nouerint. et his quibus presunt
prodesse non desinant. Sed et se et illas ita obseruent. ut pote
uasa sca in ministeriũ dñi pparata, Tale enim se debet exhibe- Vide errorē
re subditis in habitu. in ueste. et in omni conuictu. ut eis ad trāscissum.
caelestia regna p gentib; ducatũ pbeat, Sciat et aliã se p his quas
in regimine accepit. in conspectu dñi rationẽ redditurã.

De incestuosis et homicidis sacerdotũ ammonitionibus
aurem nolentibus accommodare.

I Incestuosi. parricidę. homicidę. multi apud nos heu pro dolor reperiuntur. sed aliqui ex illis sacerdotũ nolunt admonitio-
bus aurem accommodare. uolentes in priscis perdurare
criminibus, Quos oportet per secularis potentię disciplinã
a tam praua consuetudine coerceri. qui per salutifera sacerdotũ monita noluerũt reuocari, Quorũ aliquos iam excomu-
nicauimus. sed illi hoc paruipendentes in hisdem perdurant
criminibus, Quãobrem uestra decernat mansuetudo. quid
de talib; deinceps agendũ sit. De dominis subditorũ admonendis.

LII Admonendi sunt domini subditorũ ut circa eos pię et miseri-
corditer agant. ne illos qualibet iniusta occasione condem-
nent. ne eos opprimant. ne illorũ substantiolas iniuste tollant.
nec ipsa debita quę a subditis reddenda sunt impię ac cru-
deliter exigantur. De corporis dñi et sanguinis cõmuni-

LIII Ut si non frequentius ter laici homines catione laicorũ.
in anno cõmunicent. nisi forte quis maiorib; quibuslibet

IM BANNE DER RÖMISCHEN LITERATUR
Salvete Lectores!
Ja! Wir haben hier gerade so eine Retrowelle.
IV
IV
IV
Antike
Eintausend-jährige Literatur!
Geschichts-bewusst-sein
Kulturmonat
und so weiter
Wir lesen Vergil, in einer unmöglichen Schrift.
"BRAQUATITGELIDUSQUECOITFO" Was heisst denn das?
Zum Glück hat der nur so kurze Sachen geschrieben.
Wir datieren jetzt unsere Handschriften.
A MONASTERIO CONDITO
Hee, hallo! Weiss zufällig jemand das genaue Datum?
Wir korrigieren unsere Wein-Etiketten
MO FUSEL
MO FUSEL
AROMA
UND: Wir haben jetzt einen Kettenband!
O VIDE!
ARS AMATORIA
Ars amatoria? Ist das grammatical correct?
Das ist Latein, du Kunst!

Die römische Literatur beeinflusst uns mächtig.
Hey Mechi, darf ich mir die ausleihen? Ich möchte an meinen leoninischen Hexametern feilen.
Scilicet.
Unsere Eltern verstehen unsere Briefe nicht mehr.
Klar, er hat Heimweh. Aber wieso Schwarzes Meer? Er ist doch in diesem Schattenloch da oben an der Steinach, oder?
Und auch wenn uns vieles hoffnungslos veraltet erscheint, ...
Götter? Wieso Götter? Das sind doch Planeten!
... ergreifen doch wundersame Geschichten von uns Besitz.
Schaut! Ich bin der Kaiser Claudius!
Hello Wini!
Wir sehen die Natur mit ganz anderen Augen.
Was siehst Du denn da Schönes in Deiner Suppe, Narzi?
Mich.
..bis eines Tages..
O VIDUI SUMUS!!
DEFICIT!!
DAS WAREN DIE HUMANISTEN!!
Ehem, ... Valete. Ich muss weiterlesen.
Nein die ZÜRCHER!!

Anhang

Anmerkungen

1 Birger Munk Olsen, L'étude des auteurs classiques latins aux XIe et XIIe siècles, 4 Bde., Paris 1982–2014.

2 Übersetzung: Peter Ochsenbein, Die Klosterschule als Fundament des literarischen Aufstiegs, in: St.Gallen. Geschichte einer literarischen Kultur, Bd. 2: Quellen, hrsg. von Werner Wunderlich, St.Gallen 1999, S. 95–114, hier S. 106–107.

3 Cassiodor, Inst. 1,27,1; Übersetzung: Cassiodor, Institutiones divinarum et saecularium litterarum. Einführung in die geistliche und weltliche Wissenschaft, übers. und eingel. von Wolfgang Bürsgens, Freiburg i. Br. 2003, Bd. 1, S. 253.

4 Bonifatius-Brief Nr. 68, in: S. Bonifatii et Lulli epistolae. Die Briefe des heiligen Bonifatius und Lullus, hrsg. von Michael Tangl, Berlin 1916, S. 141.

5 Karoli Epistola de litteris colendis, in: Capitularia regum Francorum, Bd. 1, hrsg. von Alfred Boretius, Hannover 1883, S. 78–79; Übersetzung Gerlinde Huber-Rebenich.

6 Die Schriften Notkers und seiner Schule, hrsg. von Paul Piper, Bd. 1, Freiburg i. Br. 1882, S. 859–861.

7 Theodulf von Orléans, carm. XLV, in: Poetae Latini aevi Carolini, Bd. 1, hrsg. von Ernst Dümmler, Berlin 1881, S. 543–544.

8 Ludwig Bertalot, Cincius Romanus und seine Briefe, in: Quellen und Forschungen aus italienischen Archiven und Bibliotheken 21 (1929–1930), S. 222–227.

9 Zu den Fragmenten vgl. die neu erschienene Faksimile-Ausgabe: Vergilius Sangallensis. Die spätantiken Vergil-Fragmente der Stiftsbibliothek St.Gallen, hrsg. von der Stiftsbibliothek St.Gallen, Luzern 2022. Die folgenden Ausführungen beruhen im Wesentlichen auf den Kapiteln von Franziska Schnoor (Schriftbeschreibung und Datierung, ebd., S. 17–22; Schicksal des Codex in St.Gallen bis zu Ildefons von Arx, ebd., S. 23–30) mit der dort angegebenen Literatur.

10 Vielleicht das berühmteste Beispiel für Capitalis monumentalis ist die Weihinschrift auf dem Sockel der Trajanssäule in Rom (112/113 n. Chr.). Auch die Inschriften auf den Märtyrergrüften der römischen Katakomben aus der Zeit von Papst Damasus I. (reg. 366–384) sind in derselben Schrift gemeisselt.

11 CLA I.13 und VIII.**13 (Elias Avery Lowe, Codices Latini Antiquiores, Bd. 1: The Vatican City, Oxford 1934, S. 6; ders., Codices Latini Antiquiores, Bd. 8: Germany: Altenburg – Leipzig, Oxford 1959, S. 9). Faksimile-Ausgabe: Vergilius Augusteus. Vollständige Faksimile-Ausgabe im Originalformat. Codex Vaticanus Latinus 3256 der Biblioteca Apostolica Vaticana und Codex Latinus Fol. 416 der Staatsbibliothek Preussischer Kulturbesitz, Einführung/Introduction Carl Nordenfalk, Graz 1976.

12 CLA X.1569 (Elias Avery Lowe, Codices Latini Antiquiores, Bd. 10: Austria, Belgium, Czechoslovakia, Denmark, Egypt and Holland, Oxford 1963, S. 38).

13 Bei 19 Versen pro Seite ergibt sich aus der reinen Textlänge der drei Werke eine Mindestanzahl von 680 Seiten, also 340 Blättern.

14 Auf diesem Blatt stand nur auf der Vorderseite *P. Vergili Maronis Bucolica explicit. Incipit Georgica liber I* («Ende der Hirtengedichte von Publius Vergilius Maro. Beginn des ersten Buchs der Gedichte über den Landbau»), die Rückseite war leer. Beide Seiten wurden zu Beginn des 13. Jahrhunderts mit liturgischen Texten überschrieben.

15 Rudolf Henggeler, Profeßbuch der fürstl. Benediktinerabtei der Heiligen Gallus und Otmar zu St.Gallen, Zug [1919], S. 422, nimmt als Zeitraum 1774–1781 an. Die Entdeckung der Fragmente mag wohl schon in die ersten Jahre nach der Profess von Ildefons von Arx (1774) gefallen sein, doch scheint dieser mit dem Herauslösen erst begonnen zu haben, als er Mitarbeiter des Klosterbibliothekars Hauntinger wurde. 1785 als spätester Zeitpunkt ergibt sich aus Cod. Sang. 1499 mit Auszügen aus einem Werk über Diplomatik und Handschriftenkunde, in dem Hauntinger die Fragmente als Beispiele heranzieht. Vgl. Vergilius Sangallensis, ed. Stiftsbibliothek (Anm. 9), S. 11–12).

16 Aeneas erzählt Dido, wie er und seine Gefährten auf der Flucht aus dem zerstörten Troja von einem heftigen Sturm auf die Strophaden-Inseln verschlagen wurden, wo die Harpyien, fürchterliche Mischwesen mit Vogelkörper und Frauenkopf, hausen.

17 Vgl. Vergilius Sangallensis, ed. Stiftsbibliothek (Anm. 9), S. 22.

18 Zu Beginn stehen die alttestamentlichen Laudes-Cantica in der Reihenfolge der Wochentage, an denen sie gesungen wurden (Montag bis Sonntag), dann folgen die drei neutestamentlichen Cantica (*Benedictus*, *Magnificat* und *Nunc dimittis*), das *Te Deum* und das *Symbolum Athanasianum* – zwei weitere wichtige Gesänge des Stundengebets – sowie die vollständigen Reihen der monastischen Cantica für die dritte Nokturn.

19 Vgl. Paul Oberholzer, Vom Eigenkirchenwesen zum Patronatsrecht. Leutkirchen des Klosters St.Gallen im Früh- und Hochmittelalter, St.Gallen 2002, S. 179–198, besonders S. 191.

20 Das erwähnt Ildefons von Arx in seinem Vorwort zu den Vergil-Fragmenten (Cod. Sang. 1394, S. 6): https://www.e-codices.unifr.ch/de/csg/1394/6 (abgerufen 23.9.22).

21 Alban Dold löste sie aus der Handschrift heraus und beschrieb sie in einem Aufsatz: Alban Dold, Ein neues Fragment der berühmten St.Galler Vergilhandschrift in Capitalis elegans aus dem 3. oder 4. Jahrhundert, den schon bekannten, im Sammelkodex 1394 der Stiftsbibliothek St.Gallen eingereihten Blättern zugehörig, in: Wiener Studien 60, 1942, S. 79–86.

22 Vgl. Philipp Lenz, Reichsabtei und Klosterreform. Das Kloster St.Gallen unter dem Pfleger und Abt Ulrich Rösch 1457–1491, St.Gallen 2014, S. 454–463 und 468–473.

23 Vgl. ebd., S. 500.

24 Vgl. Vergilius Sangallensis, ed. Stiftsbibliothek (Anm. 9), S. 35.

25 Vier kleine Fragmente des Blatts, das ursprünglich Aeneis 6,650–668 (Vorderseite) und 6,669–687 (Rückseite) enthielt, wurden verwendet, um Falze mit Rissen in Cod. Sang. 248 zu verstärken, drei Fragmente desselben Blatts, um Löcher in Cod. Sang. 275 zu flicken.

26 Karl Ernst Georges, Ausführliches lateinisch-deutsches Handwörterbuch, Hannover ^{8}1918 (ND Darmstadt

1998), Bd. 2, Sp. 2503. Die ersten *saturae*, Dichtungen des Ennius (239–169 v. Chr.), waren sowohl inhaltlich als auch durch die Wahl verschiedener Metren sehr vielfältig. Erst mit Lucilius verengte sich diese Textsorte inhaltlich auf das, was wir auch heute im allgemeinen Sprachgebrauch als «satirisch» bezeichnen. Als Metrum setzte sich der Hexameter durch. Vgl. Quintus Horatius Flaccus, Sämtliche Gedichte. Lateinisch/Deutsch. Mit den Holzschnitten der Straßburger Ausgabe von 1498, mit einem Nachwort hrsg. von Bernhard Kytzler, Stuttgart 1992, S. 812–813.

27 Übersetzung: Christine Schmitz, Juvenal, Hildesheim 2019, S. 45.

28 Die in der Klassischen Philologie weithin akzeptierte Definition von Gustav Adolf Seeck besagt: «Die Satire ist ein literarischer Diskreditierungsversuch, bei dem Indignation und/oder Spott und Art und Form der Darstellung als suggestive Mittel eingesetzt werden, um die unbewusste Zustimmung des Lesers zu erreichen.» Gustav Adolf Seeck, Die römische Satire und der Begriff des Satirischen, in: Antike und Abendland 37, Heft 1 (1991), S. 1–21, hier S. 20.

29 Quintus Horatius Flaccus, Sämtliche Gedichte, ed. Kytzler (Anm. 26), S. 309.

30 Ebd., S. 313.

31 Vgl. ebd., S. 812.

32 Beschreibung von Karin Margareta Fredborg für e-codices, 2011: www.e-codices.unifr.ch/de/description/csg/0868/Fredborg (abgerufen 12.9.22).

33 Edition der ersten Zeilen des Kommentars mit englischer Übersetzung: Karsten Friis-Jensen, Sankt Gallen-accessus'en til Horats' Oder. Udgave og note om forfatterspørgsmålet, in: Festskrift for Chr. Gorm Tortzen, hrsg. von Adam Schwartz u. a., København 2011; Open-Access-Publikation: https://aigis.igl.ku.dk/aigis/CGT/karsten%20accessus.pdf (abgerufen 12.9.22).

34 *Si natura negat, facit indignatio versum / qualemcumque potest* («Wenn die Natur es verwehrt, schafft die Entrüstung Verse, welche sie eben zustandebringt»; 1, 79–80). Übersetzung: Juvenal, Satiren. Lateinisch – deutsch, hrsg., übers. und mit Anmerkungen versehen von Joachim Adamietz, München 1993, S. 15.

35 *Quidquid agunt homines, votum, timor, ira, uoluptas, / gaudia, discursus, nostri farrago libelli est* («Was immer die Menschen treiben, Wunsch, Furcht, Zorn, Lust, Freuden, geschäftiger Eifer, ist das Gemisch meines Büchleins»; 1, 85–86). Übersetzung: ebd.

36 *Et quando uberior vitiorum copia?* («Und wann war die Fülle der Laster üppiger?»; 1, 87); *omne in praecipiti vitium stetit* («jegliches Laster steht auf seinem Scheitelpunkt»; 1, 149). Übersetzung: Juvenal, Satiren, ed. Adamietz (Anm. 34), S. 15 und 21.

37 Adamietz (ebd., S. 450) nimmt ausserdem an, dass die Zeit von Domitian und Nero «einen reicheren Vorrat an Schurken» bot, die sich zur Veranschaulichung gewisser Laster, die auch in Juvenals eigener Zeit (unter den Kaisern Trajan und Hadrian) noch verbreitet waren, besser eignen.

38 Vgl. Schmitz, Juvenal (Anm. 27), S. 218.

39 Satiren 1–2 sind vollständig glossiert, von Satire 3 nur der Anfang, von Satire 10 nur der Schluss, Satiren 11–13 vollständig und von Satire 14 ebenfalls nur der Anfang. Man kann vermuten, dass die Glossen lagenweise eingetragen wurden, als die Handschrift noch ungebunden war, und dabei nur einige Lagen glossiert wurden.

40 Vgl. L. Annaeus Seneca, Apocolocyntosis Divi Claudii, hrsg., übers. und komm. von Allan A. Lund, Heidelberg 1994, S. 19.

41 Seneca wurde unter Claudius Opfer einer politischen Intrige und musste acht Jahre im Exil auf Korsika verbringen. Erst im Jahr 49 konnte er auf Betreiben von Claudius' neuer Frau Agrippina zurückkehren und wurde der Erzieher des erst elfjährigen Nero (vgl. L. Annaeus Seneca, Apokolokyntosis. Lateinisch-deutsch, hrsg. und übers. von Gerhard Binder, Düsseldorf 1999, S. 51, 55). Nach Claudius' Tod schrieb Seneca die feierliche Grabrede, die Nero dann vortrug; Tacitus berichtet, dass das Publikum sich das Lachen nicht verkneifen konnte, als Nero auf die Weisheit (*providentia* und *sapientia*) des Claudius zu sprechen kam (vgl. L. Annaeus Seneca, Apocolocyntosis. Die Verkürbissung des Kaisers Claudius. Lateinisch/deutsch, übers. und hrsg. von Anton Bauer, Stuttgart 1981, S. 88). Ob die *Apocolocyntosis* tatsächlich von Seneca stammt, ist in der Forschung umstritten. Angesichts der Diskrepanzen zwischen der von Hass und Spott erfüllten bissigen Haltung der Satire und Senecas stoischer Philosophie, die übermässigen Zorn ablehnt, nimmt beispielsweise Niklas Holzberg an, dass sie nicht vor der Mitte des 2. Jahrhunderts von einem anonymen Autor geschrieben wurde, der sich als Seneca ausgibt (vgl. Niklas Holzberg, Racheakt und ‹negativer Fürstenspiegel› oder literarische Maskerade? Neuansatz zu einer Interpretation der ‹Apocolocyntosis›, in: ders., Dichtung der augusteischen Epoche und der frühen Kaiserzeit, Baden-Baden 2021, S. 323–338, hier S. 331–332).

42 In Cod. Sang. 569 lautet der Titel *Divi Claudii Apotheosis Annei Senece per satiram*, in anderen Handschriften *Ludus Senecae de morte Claudii Caesaris.* Cassius Dio schrieb in seiner «Römischen Geschichte (60, 35, 2–3): «Auch Seneca hatte [...] eine Schrift verfasst, der er in Analogie zu dem Wort ‹Vergottung› den Titel ‹Verkürbissung› gab»; vgl. Seneca, Apokolokyntosis, ed. Binder (Anm. 41), S. 92–93).

43 Vgl. Seneca, Apocolocyntosis, ed. Bauer (Anm. 41), S. 88, unter Bezug auf Otto Weinreich, Senecas Apocolocyntosis. Die Satire auf Tod, Himmel- und Höllenfahrt des Kaisers Claudius. Einführung, Analyse und Untersuchung, Berlin 1923, S. 11–12.

44 Es geschieht ihm also das, was er zu Lebzeiten vielen Angeklagten angetan hat: «Dem Claudius allerdings schien es eher ungerecht als neu.» Apocolocyntosis 14, 3; Seneca, Apocolocyntosis, ed. Bauer (Anm. 41), S. 41.

45 Claudius war als Kaiser wohl leicht beeinflussbar, misstrauisch und unsicher, was zu «Wutausbrüchen und Tötungsbefehlen schon bei geringem Verdacht» führte; vgl. Seneca, Apokolokyntosis, ed. Binder (Anm. 41), S. 71).

46 Claudius wurde schon als Kind von seiner Mutter als «von der Natur nicht vollendetes Monstrum» bezeichnet; vgl. ebd., S. 67.

47 Seneca nimmt damit Bezug darauf, dass Claudius laut Sueton (Kaiserviten, *Divus Claudius* 32) geplant hatte, ein Edikt zu erlassen, das das leise und laute Furzen bei Tisch gestattete; vgl. Seneca, Apokolokyntosis, ed. Binder (Anm. 41), S. 126.

48 Vgl. Seneca, Apocolocyntosis, ed. Bauer (Anm. 41), S. 51, Anm. 35; zu den neuen Buchstaben, die sich nicht auf Dauer durchsetzen konnten, vgl. Roland Papke, Des Kaisers neue Buchstaben. Claudius in Tac. ann. 11,14 und Sen. apocol. 3,4, in: Würzburger Jahrbücher für die Altertumswissenschaft, N. F. 12 (1986), S. 183–196; https://fr.wikipedia.org/wiki/Lettres_claudiennes (abgerufen 29.9.22).

49 Beschreibung der Handschrift bei Beat M. von Scarpatetti, Die Handschriften der Stiftsbibliothek St.Gallen, Bd. 1: Abt. IV: Codices 547–669. Hagiographica, Historica, Geographica 8.–18. Jahrhundert. Beschreibendes Verzeichnis, Wiesbaden 2003, S. 70–74. Zur Textüberlieferung vgl. L. Annaei Senecae ΑΠΟΚΟΛΟΚΥΝΤΩΣΙΣ, hrsg. von Renata Roncali, Leipzig 1990, S. VI–XXV, besonders S. VI–VII; Seneca, Apokolokyntosis, ed. Binder (Anm. 41), S. 101–103.

50 Sein Vorbild war vor allem der griechische Dichter Menander (342/342–291/290 v. Chr.), auf dessen Werke vier seiner Komödien zurückgehen. Vgl. Terenz, Komödien. Lateinisch und deutsch, hrsg., übers. und komm. von Peter Rau, Darmstadt 2012, Bd. 1, S. VIII.

51 Vgl. Art. Terenz, in Wikipedia: https://de.wikipedia.org/wiki/Terenz (abgerufen 20.9.22).

52 Zum Leben vgl. Terenz, ed. Rau (Anm. 50), S. X.

53 Vgl. Bernd Bastert, Wissenschaft und Fastnachtspiel – Die Komödien des Terenz zwischen Mittelalter und Früher Neuzeit, in: Wat nyeus verfraeyt dat herte ende verlicht den sin. Studien zum Schauspiel des Mittelalters und der Frühen Neuzeit. Festschrift für Carla Dauven-van Knippenberg zum 65. Geburtstag, hrsg. von Elke Huwiler u. a., Leiden 2015, S. 172–195, hier S. 172.

54 In der Forschung besteht keine Einigkeit, ob Notker die *Andria* übersetzt hat und das Werk heute verloren ist oder ob er nur angefragt wurde. Vgl. Andreas Nievergelt, Verlorene Werke, in: Zeitenwende. Notker der Deutsche († 1022). Sommerausstellung Stiftsbibliothek St.Gallen 8. März bis 6. November 2022, St.Gallen 2022, S. 74–81, hier S. 75.

55 Die Blätter enthalten: Eunuchus, V. 102–174 (S. 115), 195–272 (S. 116), 955–1053 (S. 117/118); Andria, V. 296–384 (S. 118/119).

56 Einsiedeln, Stiftsbibliothek, Cod. 362(440).

57 Von einer späteren Hand steht am Rand *[...] gratia Heremitarum abbatis [co]mitis de Raprehtswile.*

58 P. Odo Lang schreibt in der Beschreibung für e-codices (www.e-codices.unifr.ch/de/description/sbe/0362; abgerufen 20.9.22), dass die Fragmente von P. Gall Morel aus Bucheinbänden herausgelöst wurden. Die St.Galler Fragmente stammen sicher auch aus Einbänden, aber es lässt sich nicht mehr rekonstruieren, aus welchen Handschriften.

59 Vgl. Terenz, ed. Rau (Anm. 50), S. XII.

60 Niklas Holzberg, Applaus für Venus, Die 100 schönsten Liebesgedichte der Antike, München 2004, S. 6–7.

61 Ebd. Vgl. dazu auch Eckhard Meyer-Zwiffelhoffer, Im Zeichen des Phallus. Die Ordnung des Geschlechtslebens im antiken Rom, Frankfurt 1995.

62 Zu Sulpicia: Alison Keith, Tandem venit amor. A Roman Woman Speaks of Love, in: Roman Sexualities, hrsg. von Judith P. Hallett und Marilyn B. Skinner, Princeton 1998, S. 295–310; Martial über Sulpicia: Marguerite Johnson und Terry Ryan, Sexuality in Greek and Roman Society and Literatur, London 2005, S. 181–182.

63 Ekkehart IV. nennt Ovid in seinem Vakanzlied «honigverschmiert», vgl. Ochsenbein, Klosterschule (Anm. 2), S. 106–107; vgl. auch Huber-Rebenich, oben S. 8.

64 Zum Konzept der *Womanufacture:* Alison Sharrock, Womanufacture, in: Journal of Roman Studies 81 (1991), S. 36–49.

65 Keith, Tandem venit amor (Anm. 62), S. 295–310. Vergil, Aeneis, 4. Buch: Publius Vergilius Maro, Aeneis. Lateinisch – deutsch, hrsg. und übers. von Niklas Holzberg, Berlin 2015, S. 188–233.

66 Ars amatoria 1, 17; Publius Ovidius Naso, Liebeskunst. Ars amatoria. Lateinisch-deutsch, hrsg. und übers. von Niklas Holzberg, München, 1985, S. 6–7. Zu Ovid im Allgemeinen: Niklas Holzberg, Ovid. Dichter und Werk, München ^{4}2016; Edward John Kenney, Art. Ovidius Naso, Publius, in: Der neue Pauly. Enzyklopädie der Antike, Bd. 9, Stuttgart 2000, Sp. 110–119; Walther Kraus, Art. P. Ovidius Naso, in: Der Kleine Pauly. Lexikon der Antike, Bd. 4, München 1979, S. 383–387.

67 Ars amatoria 1, 149–152; Publius Ovidius Naso, Liebeskunst, ed. Holzberg (Anm. 66), S. 16–17. Die deutsche Übersetzung nach Ovid, Liebeskunst. In der Übersetzung von Hertzberg/Burger, überarb. und reich komm. von Tobias Roth, Asmus Trautsch und Melanie Möller, Berlin 2017, S. 30.

68 Naumachie des Augustus, Ars amatoria 1, 171–176, und Verweis auf dessen Enkel und Adoptivsohn Gaius Caesar, Ars amatoria 1, 177–182 und 195. Vgl. Bendix Sautmann, Ars Amatoria, in: Ovid-Handbuch, hrsg. von Melanie Möller, Stuttgart 2021, S. 84, https://doi.org/10.1007/978-3-476-05685-6_12 (abgerufen 9.9.22); Ovid, Liebeskunst, ed. Holzberg (Anm. 66), S. 30–33.

69 Holzberg, Ovid (Anm. 66).

70 Vgl. E. J. Kenney, The manuscript tradition of Ovid's Amores, Ars Amatoria, and Remedia Amores, in: The Classical Quarterly 12 (1962), S. 1–31.

71 Hans Lamer, Wörterbuch der Antike. Mit Berücksichtigung ihres Fortwirkens, Leipzig 1933, S. 279.

72 Niklas Holzberg, Horaz. Dichter und Werk, München 2009, S. 17–18.

73 Ebd., S. 18.

74 Ebd., S. 8.

75 Victor Grassmann, Die erotischen Epoden des Horaz. Literarischer Hintergrund und sprachliche Tradition, München 1966.

76 Q.Horatii Flacci saturae – sermones, liber primus, Hor. sat.1,1: Mass der Mitte statt Unzufriedenheit und Gier, https://gottwein.de/Lat/hor/horsat101.php (abgerufen 8.9.22).

77 Horaz, Glanz der Bescheidenheit. Oden und Epoden. Lateinisch und Deutsch, übers. von Christian Friedrich

Karl Herzlieb und Johann Peter Uz, eingel. und bearb. von Walther Killy und Ernst A. Schmidt, Zürich [2]1987, S. 444; Eckard Lefèvre, Die Komposition von Horaz' erstem Oden-Buch, in: Studia classica Iohanni Tarditi oblata, hrsg. von Luigi Belloni, in: Vita e pensiero 1 (1995), S. [507]–521, hier S. 510; Holzberg, Horaz (Anm. 72), S. 133–134.

78 Casus sancti Galli, Kap. 94. Ekkehart IV., St.Galler Klostergeschichten (Casus sancti Galli), hrsg. und übers. von Hans F. Haefele und Ernst Tremp, Wiesbaden 2020, S. 412–413, auch Anm. 10.

79 Ebd.

80 Quintus Horatius Flaccus, Opera, Paris 1568, in Paris um 1570 für die Klosterbibliothek erworben, Signatur NN rechts II 5. Vgl. Karl Schmuki, «Sehr verdammliche Schriften». Die barocke Klosterbibliothek von St.Gallen wird gesäubert, in: Bibliothek und Wissenschaft 45 (2012), S. 283–297, hier S. 289–291.

81 *Librum hunc Praeceptores caute casteque legant, disciPuli oculos hinc manusque abstineant.* Schmuki, «Sehr verdammliche Schriften» (Anm. 80), S. 291.

82 Zum antiken Lehrgedicht in lateinischer Sprache vgl. Claudia Schindler, Vom Kochrezept zu den Sternen: Aspekte der Gattungsgenese und Gattungsentwicklung im römischen Lehrgedicht, in: Wissensvermittlung in dichterischer Gestalt, hrsg. von Marietta Horster und Christiane Reitz, Stuttgart 2005, S. 193–209.

83 Cod. Sang. 161 wurde um 1460 unter Abt Ulrich Rösch neu gebunden; vgl. Lenz, Reichsabtei (Anm. 22), S. 456.

84 Cod. Sang. 267, S. 32. Die Vermutung, dass die beiden Blätter die Reste des dort erwähnten Vergil-Bands sind, äussert Gustav Scherrer, Verzeichniss der Handschriften der Stiftsbibliothek St.Gallen, Halle 1875, S. 459.

85 Vgl. Publius Vergilius Maro, Hirtengedichte. Bucolica. Landwirtschaft. Georgica. Lateinisch-deutsch, hrsg. und übers. von Niklas Holzberg, Berlin 2016, S. 12–13 und 23–24.

86 Zum Autor: Eckhard Christmann, Art. Columella, in: Der neue Pauly. Enzyklopädie der Antike, Bd. 3, Stuttgart 1997, Sp. 85–88.

87 Columella schreibt dazu: «[...]weil jene alte Hausmuttertugend der Sabinerinnen und Römerinnen nicht nur gänzlich aus der Mode gekommen, sondern überhaupt ausgestorben ist, hat sich die unvermeidliche Beschäftigung einer Verwaltersfrau eingebürgert, die die Pflichten der Hausfrau übernehmen musste; haben doch auch die Gutsverwalter den Platz der Herren übernommen, die früher einmal nach alter Gewohnheit auf dem Lande nicht nur gearbeitet, sondern auch gelebt hatten.» Lucius Iunius Moderatus Columella, Zwölf Bücher über Landwirtschaft. Buch eines Unbekannten über Baumzüchtung, lateinisch-deutsch, hrsg. und übers. von Will Richter, 3 Bde., München 1981–1983, hier Bd. 3, 1983, S. 185.

88 Bernhard Bischoff, Eine Sammelhandschrift Walahfrid Strabos (Cod. Sangall. 878), in: ders., Mittelalterliche Studien, Bd. 2, Stuttgart 1967, S. 34–51.

89 Vgl. Tino Licht, Revisiting the Question of Walahfrid Strabo's Autograph: New Evidence and a New Conclusion, in: The Journal of Medieval Latin 32 (2022), S. 65–80, hier S. 66–69.

90 Zum Leben: D. Magnus Ausonius, Mosella. Kritische Ausgabe, Übersetzung, Kommentar von Joachim Gruber, Berlin 2013, S. 9–12.

91 Kritische Edition und Kommentar: Decimus Magnus Ausonius, Sämtliche Werke, hrsg., übers. und komm. von Paul Dräger, 2., erw. und überarb. Aufl., Bd. 2: Trierer Werke, Trier 2016, S. 58–91 und 339–579.

92 Der Weg ist beispielsweise hier beschrieben: https://www.hunsruecktouristik.de/reisethemen/wandern/wanderwege/fernwanderwege/ausoniusweg (abgerufen 12.9.22). Er führt allerdings nicht wie im Gedicht durch Neumagen, sondern auf einer kürzeren Strecke direkt nach Trier.

93 Die Entfernung von Bingen nach Neumagen beträgt gemäss der *Tabula Peutingeriana* knapp 98 Kilometer; vgl. Ausonius, ed. Gruber (Anm. 90), S. 95–96. Vgl. auch Ausonius, ed. Dräger (Anm. 91), S. 341.

94 Übersetzung: Ausonius, ed. Dräger (Anm. 91), S. 53.

95 Vgl. ebd., S. 139.

96 Genaue Inhaltsangabe bei Till Hennings, Ostfränkische Sammlungen von Dichtung im 9. Jahrhundert, Göttingen 2021, S. 129–136; Bemerkungen zu den einzelnen Teilen der Handschrift ebd., S. 136–138.

97 Handschriftenbeschreibung: Elisabeth Pellegrin u. a., Les manuscrits classiques latins de la Bibliothèque Vaticane, 3 Bde., Paris 1975–1991, hier Bd. 2.1, Paris 1978, S. 337.

98 Johannes Schneider, Art. Brief, in: Reallexikon für Antike und Christentum, Bd. 2, Stuttgart 1954, Sp. 564–585, hier Sp. 564–574; Peter L. Schmidt, Hans Neumann, Art. Brief, in: Der Neue Pauly. Enzyklopädie der Antike, Bd. 2, Stuttgart 1997, Sp. 771–775; Michael von Albrecht, Geschichte der römischen Literatur, 3., verb. und erw. Aufl., 2 Bde., Berlin 2012, hier Bd. 1, S. 430–435; Raphael Schwitter, Gebrauchstext oder Literatur. Methodenkritische Überlegungen zur literarischen Stellung des Privatbriefs in der Spätantike, in: Zwischen Alltagskommunikation und literarischer Identitätsbildung. Studien zur lateinischen Epistolographie in Spätantike und Frühmittelalter, hrsg. von Gernot M. Müller, Stuttgart 2018, S. 85–106.

99 Manfred Fuhrmann, Geschichte der römischen Literatur, Stuttgart 1999, S. 225–226, 280–281. Zur Überlieferung der Briefe von Horaz (Cod. Sang. 858, 868, 878) und Seneca (Cod. Sang. 858, 878, 1046) in der Stiftsbibliothek vgl. Scherrer, Verzeichniss (Anm. 84), S. 295, 299–300, 307–309 und das Autorenregister S. 564, 572; Munk Olsen, L'étude des auteurs classiques latins (Anm. 1), Bd. 1, S. 494, 519–520; Bd. 2, S. 452.

100 Benjamin Hartmann, Die hölzernen Schreibtafeln im Imperium Romanum – Ein Inventar, in: Lesen und Schreiben in den römischen Provinzen. Schriftliche Kommunikation im Alltagsleben, hrsg. von Markus Holz und Marietta Horster, Mainz 2015, S. 43–58.

101 Hermann Dilcher, Art. Reskript, Reskriptionsprozess, in: Handwörterbuch zur deutschen Rechtsgeschichte, Bd. 4, Berlin 1990, Sp. 933–937; Wolfgang Kunkel, Martin Schermaier, Römische Rechtsgeschichte, 13., überarb. Aufl., Köln 2001, S. 169–171, 199. Zum *Codex Iustinianus* Cod. Sang. 746 vgl. Philipp Lenz und Stefania Ortelli, Die Handschriften der Stiftsbibliothek St.Gallen, Bd. 3: Abt. V: Codices 670–749. Iuridica.

Kanonisches, römisches und germanisches Recht, Wiesbaden 2014, S. 321–326.

102 Klaus Bringmann, Jürgen Leonhardt, Art. Cicero, in: Der Neue Pauly. Enzyklopädie der Antike, Bd. 2, Stuttgart 1997, Sp. 1192–1202; Fuhrmann, Geschichte (Anm. 99), S. 142–163; Albrecht, Geschichte (Anm. 98), Bd. 1, S. 436–472.

103 Cod. Sang. 859, S. 71 Ad fam. 2, 1; S. 71–72 Ad fam. 2, 2; S. 72 Ad fam. 2, 4; S. 72–74 Ad fam. 2, 6 etc.; z. B. auf S. 130–131 Ad fam. 2, 2 wiederholt. Cicero, Epistulae ad familiares, hrsg. von David R. Shackleton Bailey, 2 Bde., Cambridge 1977; Marcus Tullius Cicero, Epistulae ad familiares. An seine Freunde. Lateinisch-Deutsch, hrsg. und übers. von Helmut Kasten, München [4]1989.

104 Scherrer, Verzeichniss (Anm. 84), S. 295; Charles Lohr, Aristotelica Helvetica, Freiburg i. Ue. 1994, S. 261–262. Cod. Sang. 859, S. 51–59 der Brief von Eneas Silvius Piccolomini an Prokop von Rabstein (Wien, 26. Juni 1444); Rudolf Wolkan (Hrsg.), Der Briefwechsel des Eneas Silvius Piccolomini, 3 Bde., Wien 1909–1918, hier Bd. 1.1, Wien 1909, Nr. 151, S. 343–353; auf S. 60–61 folgt ein weiterer Brief astronomischen Inhalts (Basel, 28. Januar 1477).

105 Edward J. Kenney, Art. Ovidius Naso, Publius, in: Der Neue Pauly. Enzyklopädie der Antike, Bd. 9, Stuttgart 2000, Sp. 110–119; Fuhrmann, Geschichte (Anm. 99), S. 232–241; Albrecht, Geschichte (Anm. 98), Bd. 1, S. 662–693.

106 Ovid. With English Translation. Tristia. Ex Ponto, hrsg. von Arthur Leslie Wheeler, Cambridge, Mass., 1939; Publius Ovidius Naso, Briefe aus der Verbannung. Tristia, Epistulae ex Ponto. Lateinisch und deutsch, übertragen von Wilhelm Willige, eingeleitet und erläutert von Niklas Holzberg, 5., überarb. Aufl., Mannheim 2011.

107 Scherrer, Verzeichniss (Anm. 84), S. 299.

108 Cod. Sang. 867, S. 45: *Incipit tertia distinctio huius libri et scribit muliere [!] ut intercedat pro ipso et primo invehitur contra terram in qua ipe est* («Hier beginnt der dritte Teil dieses Buches. Er [Ovid] schreibt seiner Gattin, dass sie sich für ihn einsetze. Zunächst schimpft er aber gegen das Land, in dem er sich befindet»).

109 Ovid, Tristia. Ex Ponto, ed. Wheeler (Anm. 106), S. 372; Publius Ovidius Naso, Briefe aus der Verbannung, ed. Willige/Holzberg (Anm. 106), S. 414–415 (Übersetzung von P. L. angepasst).

110 C. Plini Caecili Secundi epistularum libri decem, hrsg. von Roger A. B. Mynors, Oxford 1966; Plinius, Epistulae. Sämtliche Briefe. Lateinisch-Deutsch, übers. und hrsg. von Heribert Philips und Marion Giebel, Stuttgart 2010.

111 Helmut Krasser, Art. P. Caecilius Secundus, C. (der Jüngere), in: Der Neue Pauly. Enzyklopädie der Antike, Bd. 9, Stuttgart 2000, Sp. 1141–1144; Fuhrmann, Geschichte (Anm. 99), S. 337–340; Albrecht, Geschichte (Anm. 98), Bd. 1, S. 662–693.

112 Leighton Durham Reynolds (Hrsg.), Texts and Transmission. A Survey of the Latin Classics, Oxford 1983, S. 316–322.

113 Scherrer, Verzeichniss (Anm. 84), S. 314.

114 Cod. Sang. 896, Bl. 135v steht oben *Turbo: ain wirbel.* Auf dem hinteren Spiegelblatt steht unter anderem, wohl von der Texthand, *Stratera: das dingli in der wag. Meles: dachs.*

115 Wilhelm Kierdorf, Art. Annales maximi, Annalistik, in: Der Neue Pauly. Enzyklopädie der Antike, Bd. 1, Stuttgart 1996, Sp. 709–710; Fuhrmann, Geschichte (Anm. 99), S. 35–36; Albrecht, Geschichte (Anm. 98), Bd. 1, S. 313–315.

116 Fuhrmann, Geschichte (Anm. 99), S. 96–102; Albrecht, Geschichte (Anm. 98), Bd. 1, S. 315–319, 330–343.

117 Albrecht, Geschichte (Anm. 98), Bd. 1, S. 305–315, 392–402.

118 Martin Hose, Art. Geschichtsschreibung. III. Rom, in: Der Neue Pauly. Enzyklopädie der Antike, Bd. 4, Stuttgart 1998, Sp. 996–1000; Fuhrmann, Geschichte (Anm. 99), S. 76–78, 264–267; Albrecht, Geschichte (Anm. 98), Bd. 1, S. 66–77, 111–113, Bd. 2, S. 768–785.

119 Nadja Kimmerle, Epos oder Geschichtsschreibung? Antike Lucan-Kritik im Rahmen antiker Gattungsvorstellungen, in: Millennium. Jahrbuch zur Kultur und Geschichte des ersten Jahrtausends n. Chr. 10 (2013), S. 463–499.

120 C. Sallusti Crispi Catilina, Iugurtha, Historiarum Fragmenta Selecta, Appendix Sallustiana, hrsg. von Leighton D. Reynolds, Oxford 1991; Sallust, Werke. Lateinisch und deutsch, erläutert und übertragen von Werner Eisenhut und Josef Lindauer, Zürich [2]1994. Fuhrmann, Geschichte (Anm. 99), S. 175–182; Albrecht, Geschichte (Anm. 98), Bd. 1, S. 367–391.

121 Birger Munk Olsen, La popularité des textes classiques entre le IXe et le XIIe siècle, in: Revue d'histoire des textes 14–15 (1984–1985), S. 169–181, hier S. 177, 179, 180; Reynolds, Texts and Transmission (Anm. 112), S. xxvi–xxvii, 341–349; C. Lukas Bohny, Glossen und Scholien zu Sallusts Monographien Catilina und Iugurtha in einer Handschrift des 11. Jahrhunderts aus der Bibliothek des Klosters St. Emmeram in Regensburg (1. Teil), in: Archivum Latinitatis Medii Aevi. Bulletin du Cange 70 (2012), S. 91–145, hier S. 92–98.

122 Munk Olsen, L'étude des auteurs classiques latins (Anm. 1), Bd. 2, S. 347; Scarpatetti, Codices 547–669 (Anm. 49), S. 249, nennt die weiteren Überlieferungsträger in der Stiftsbibliothek, Cod. Sang. 858, 864, 1451. Vgl. Scherrer, Verzeichniss (Anm. 84), S. 295, 297–298, 483.

123 Hartmut Hoffmann, Italienische Handschriften in Deutschland, in: Deutsches Archiv für die Erforschung des Mittelalters 65 (2009), S. 29–82, hier S. 65.

124 Ekkehart IV., St. Galler Klostergeschichten, ed. Tremp (Anm. 78), S. 482, Z. 12–13, S. 483, Z. 14–15 mit Anm. 8.

125 Iustinus. Epitoma historiarum Philippicarum Pompei Trogi, hrsg. von Otto Seel, Leipzig [2]1972. Fuhrmann, Geschichte (Anm. 99), S. 249; Albrecht, Geschichte (Anm. 98), Bd. 1, S. 731–734.

126 Albert Bruckner, Scriptoria Medii Aevi Helvetica, Bd. 3: Schreibschulen der Diözese Konstanz, St. Gallen II, Genf 1938, S. 114–115; Munk Olsen, L'étude des auteurs classiques latins (Anm. 1), Bd. 1, S. 549–550; Scarpatetti, Codices 547–669 (Anm. 49), S. 224–225; Bernhard Bischoff, Katalog der festländischen Handschriften des neunten Jahrhunderts, Teil 3: Padua – Zwickau, aus dem Nachlass hrsg. von Birgit Ebersperger, Wiesbaden 2014, S. 330, Nr. 5822.

127 Cod. Sang. 728, S. 21. Paul Lehmann (Bearb.), Mittelalterliche Bibliothekskataloge Deutschlands und der Schweiz, Bd. 1: Die Bistümer Konstanz und Chur, München 1918, S. 82, Z. 16–17. Vgl. Johannes Duft, Die Handschriften-Katalogisierung in der Stiftsbibliothek St. Gallen vom 9. bis zum 19. Jahrhundert, in: Beat M. von Scarpatetti, Die Handschriften der Stiftsbibliothek St. Gallen. Codices 1726–1984, St. Gallen 1983, S. 9*–99*, hier S. 11*–18*; Hannes Steiner, Buchproduktion und Bibliothekszuwachs im Kloster St. Gallen unter den Äbten Grimald und Hartmut, in: Ludwig der Deutsche und seine Zeit, hrsg. von Wilfried Hartmann, Darmstadt 2004, S. 163–183.

128 Ebenso z. B. Cod. Sang. 197; vielleicht ein wenig jünger Cod. Sang. 861–862. Vgl. Munk Olsen, L'étude des auteurs classiques latins (Anm. 1), Bd. 1, S. 376–377, 381–382; Bd. 2, S. 820–821.

129 Elias Steinmeyer, Kleinere althochdeutsche Sprachdenkmäler, Berlin 1916, S. 402; Stefan Sonderegger, Althochdeutsch in St. Gallen. Ergebnisse und Probleme der althochdeutschen Sprachüberlieferung in St. Gallen vom 8. bis ins 12. Jahrhundert, St. Gallen, S. 72; Andreas Nievergelt, St. Galler Schreibervers, in: Althochdeutsche und altsächsische Literatur, hrsg. von Rolf Bergmann, Berlin 2013, S. 104–106. Zu dem im 10. oder 11. Jahrhundert eingetragenen Verzeichnis der liturgischen Gewänder auf S. 210 siehe Bernhard Bischoff, Mittelalterliche Schatzverzeichnisse, München 1967, S. 86–87.

130 Marcus Annaeus Lucanus, De bello civili, hrsg. von David R. Shackleton Bailey, Stuttgart 1988; M. Annaeus Lucanus, De bello civili. Der Bürgerkrieg. Lateinisch/Deutsch, übers. und hrsg. von Georg Luck, Stuttgart 2009.

131 Fuhrmann, Geschichte (Anm. 99), S. 264–267; Albrecht, Geschichte (Anm. 98), Bd. 2, S. 768–785.

132 Reynolds, Texts and Transmission (Anm. 112), S. 215–218; Munk Olsen, La popularité (Anm. 121), S. 177, 180.

133 Munk Olsen, L'étude des auteurs classiques latins (Anm. 1), Bd. 2, S. 65; Hartmut Hoffmann, Schreibschulen und Buchmalerei. Handschriften und Texte des 9.–11. Jahrhunderts, Hannover 2012, S. 207.

134 Cod. Sang. 863, S. 3: *Querunt quidam quinque in principio cuiusque libri locum, titulum, qualitatem carminis [...] comprehenditur. Intentio Lucani in hoc opere est laudare Neronem [...]. Nam ita narrat ut res gesta est.*

135 Cod. Sang. 863, S. 47 (Hafen von Brindisi), S. 77 (Schlacht um Marseille), S. 78 (Stadt mit offenem Tor), S. 230 (T-O-Karte), S. 234 (Klimazonenkarte). Anton von Euw, Die St. Galler Buchkunst vom 8. bis zum Ende des 11. Jahrhunderts, Bd. 1, St. Gallen 2008, Bd. 1, S. 504–505, Nr. 146. Mindestens ein Teil der Zeichnungen findet Entsprechungen in anderen mittelalterlichen Handschriften, so in London, British Library, Harley 2728, Bl. 19r (Hafen von Brindisi), Bl. 128v (T-O-Karte), Bl. 131r (Klimazonenkarte). Vgl. auch Eva Matthews Sanford, The manuscripts of Lucan. Accessus and marginalia, in: Speculum 9 (1934), S. 278–295, hier S. 293–294; Marco Buonocore (Hrsg.), Vedere i Classici. L'illustrazione libraria dei testi antichi dall'età romana al tardo medioevo, Rom 1996, S. 217–218.

136 Die Abbildungen zur Schlacht von Massilia auf S. 77 und die Abbildung auf S. 78, die vielleicht deren Kapitulation darstellt, sind dem dritten Buch, das darüber berichtet, unmittelbar vorangestellt.

137 Bei den Versen 7, 659–666, 8, 94–105, 8, 584–589, 8, 746–751, 9, 531–537, 10, 199–203 auf S. 181, 191, 207, 212, 233–234, 258–259. Vgl. Jan M. Ziolkowski, Nota bene. Reading Classics and Writing Melodies in the Early Middle Ages, Turnhout 2007, S. 145, Anm. 121, S. 146, 156–157 mit Anm. 157 und 161, S. 258–260, 282; Gundela Bobeth, Lucan im musikalischen Vortrag des Mittelalters. Der Planctus Corneliae und andere gesungene Passagen aus dem Bellum Civile, in: Lucans Bellum Civile. Studien zum Spektrum seiner Rezeption von der Antike bis ins 19. Jahrhundert, hrsg. von Christine Walde, Trier 2009, S. 131–153; Gundela Bobeth, Antike Verse in mittelalterlicher Vertonung. Neumierung in Vergil-, Statius-, Lucan- und Terenz-Handschriften, Kassel 2013, S. 249 und passim.

138 Fritz Graf, Art. Mythos. I. Theorie des Mythos, in: Der neue Pauly. Enzyklopädie der Antike, Bd. 8, Stuttgart 2000, Sp. 633–635, hier Sp. 633, mit Verweis auf G. S. Kirk, Myth. Its Meaning and Function in Ancient and Other Cultures, Cambridge 1970, und Walter Burkert, Structure and History in Greek Mythology and Ritual, Berkeley 1979.

139 2, 47–366; die Verwandlung der Schwestern Phaetons wird in V. 340–355 beschrieben.

140 Dieser *magister* ist nicht identisch mit einem gewissen Johannes, der sich als Schreiber auf S. 112 namentlich nennt (*Qui me scribebat Iohannes nomen habebat* – «der mich geschrieben hat, hiess Johannes»). Der Schrift nach zu urteilen, war Johannes aber wahrscheinlich auch nicht der Schreiber des Codex, so dass unklar bleibt, auf was er sich mit *me scribebat* bezieht.

141 Dieses Erdbeben mit Epizentrum in Churwalden (GR) und einer geschätzten Magnitude von 6,2 ist das zweitstärkste historisch bezeugte Erdbeben auf dem Gebiet der Schweiz und dürfte in St. Gallen deutlich zu spüren gewesen sein; vgl. www.seismo.ethz.ch/de/knowledge/earthquake-country-switzerland/historical-earthquakes/the-ten-strongest; www.gra-nat.ch/erdbeben-churwalden-1295-schadensflche (abgerufen 18.9.22).

142 Umfassende Darstellung in: Gerlinde Huber-Rebenich, Sabine Lütkemeyer und Hermann Walter, Ikonographisches Repertorium zu den Metamorphosen des Ovid. Die textbegleitende Druckgraphik, Bd. II: Sammeldarstellungen, Berlin 2004; Bd. I.1: Narrative Darstellungen, 2 Teilbde. (Bildteil/Textteil), Berlin 2014.

143 Inhaltsübersicht bei Uwe Grupp, Der Codex Sangallensis 397 – ein persönliches Handbuch Grimalds von St. Gallen?, in: Deutsches Archiv zur Erforschung des Mittelalters 70 (2014), S. 425–463, hier S. 453–462.

144 Bernhard Bischoff stellte die These auf, dass Cod. Sang. 397 Grimalds Vademecum sei (Bernhard Bischoff, Bücher am Hofe Ludwigs des Deutschen und die Privatbibliothek des Kanzlers Grimalt, in: ders., Mittelalterliche Studien. Ausgewählte Aufsätze zur Schriftkunde und Literaturgeschichte, Bd. 3, Stuttgart 1981, S. 187–212, hier S. 201–212). Seine These, die allgemein Anklang fand, wird von Uwe Grupp, Codex

Sangallensis 397 (Anm. 143), bestritten. In jüngster Zeit unterstützt Till Hennings, Ostfränkische Sammlungen (Anm. 96), S. 89–97, Bischoffs Annahme wieder.

145 *Finitum feria quarta ante festum Iohannis Baptiste sub magistro venerabili eloquentissimoque Cunrado Reuschman Ludi magistro Lindowe, lectum suis scolipetis anno incarnationis Ihesu Xristi 1499* («Beendet am vierten Tag vor dem Fest Johannes des Täufers [21. Juni] unter dem ehrwürdigen und überaus beredsamen Magister Conrad Reuschmann, Lehrer in Lindau, vorgelesen seinen Schülern im Jahr der Menschwerdung Christi 1499»). Beschreibung der Handschrift für e-codices von Lisa Ciccone, 2018: www.e-codices.unifr.ch/de/description/csg/0858 (abgerufen 20.9.22).

146 *Ex Achademie Liptensis maiori collegio anno 1504 pridie Ydus Apriles* («Aus dem Grossen Kollegium der Universität Leipzig, am 12. April 1504»).

147 In frühmittelalterlichen Handschriften läuft das Gedicht einfach unter dem Namen «Homerus», in späteren wird es aus unbekannten Gründen Pindar zugeschrieben. Silius Italicus kann aus stilistischen und metrischen Gründen nicht der Autor sein (vgl. Edward Courtney, Art. Ilias Latina, in: Der neue Pauly. Enzyklopädie der Antike, Bd. 5, Stuttgart 1998, Sp. 933–934).

148 Vgl. Werner Eck, Art. Baebius [II 7] B. Italicus P., in: Der neue Pauly. Enzyklopädie der Antike, Bd. 2, Stuttgart 1997, Sp. 1993.

149 Vgl. Stefan Merkle, Die Ephemeris belli Troiani des Diktys von Kreta, Frankfurt a. M. 1989, S. 13.

150 Vgl. ebd., S. 73–74, Anm. 164.

151 Vgl. ebd., S. 16.

152 Editionen des lateinischen Texts: Dictys Cretensis, Ephemeridos belli Troiani libri, hrsg. von Werner Eisenhut, Leipzig 1973; Dictys Cretensis, Krieg um Troja, hrsg. und übers. von Kai Brodersen, Berlin 2019. Zur Datierung ausführlich Merkle, Ephemeris (Anm. 149), S. 263–286.

153 Vgl. Merkle, Ephemeris (Anm. 149), S. 113–123, besonders S. 123.

154 So der Forschungskonsens gemäss Merkle, Ephemeris (Anm. 149), S. 141.

155 Vgl. ebd., S. 174–175.

156 Der Brief ist abgedruckt ebd., S. 84–85. Zur Bedeutung der St.Galler Handschrift vgl. Dictys Cretensis, ed. Eisenhut (Anm. 152), S. XI und XIII.

157 Zu Statius' Leben vgl. Publius Papinius Statius, Der Kampf um Theben. Einleitung, Übersetzung und Anmerkungen von Otto Schönberger, Würzburg 1998, S. 5.

158 Vgl. ebd., S. 11–15.

159 Vgl. ebd., S. 16–17. Zwischen dem 6. und 10. Jahrhundert war die *Thebais* kaum bekannt, obwohl sie in einem Bibliothekskatalog Karls des Grossen genannt wird (vgl. ebd.).

160 Grundlage dieses Kapitels ist mein Beitrag in Cornel Dora (Hrsg.), Arznei für die Seele. Mit der Stiftsbibliothek St.Gallen durch die Jahrhunderte. Sommerausstellung 14. März bis 12. November 2017, St.Gallen 2017, S. 64, den ich teilweise überarbeitet und erweitert habe.

161 Kritischer Forschungsüberblick und teilweise Relativierung der älteren Forschung bei Johannes Helmrath, Der Humanismus in Deutschland sowie Diffusion des Humanismus und Antikerezeption auf den Konzilien von Konstanz, Basel, und Ferrara/Florenz, in: ders., Wege des Humanismus. Studien zu Praxis und Diffusion der Antikeleidenschaft im 15. Jahrhundert. Ausgewählte Aufsätze, Bd. 1, Tübingen 2013, S. 17–51, 115–158, hier besonders S. 115–134.

162 Remigio Sabbadini, Le scoperte dei codici latini e greci ne' secoli XIV e XV, 2 Bde., Florenz 1905–1914, ND, hrsg. und komm. von Eugenio Garin, 2 Bde., Florenz 1967, S. 77–82; Ernst Walser, Poggius Florentinus. Leben und Werke, Leipzig 1914 (ND Hildesheim 1974), S. 51–57; Karl Schmuki und Ernst Tremp, Vom Staub und Moder im Hartmut-Turm zum Wiederaufblühen der Harfenklänge der Musen an den Wasserfällen der Steinach. Die Klosterbibliothek von St.Gallen im Spätmittelalter, St.Gallen 2001, S. 16–20; Rudolf Gamper, Doctor von Watt ist nit abt zuo S. Gallen – das hant ir wol gewyßt, in: Schaukasten Stiftsbibliothek. Abschiedsgabe für Stiftsbibliothekar Ernst Tremp, hrsg. von Franziska Schnoor u. a., St. Gallen 2013, S. 184–191, hier S. 187 mit einer bislang vernachlässigten, nicht zeitgenössischen, indirekten Quelle, welche Silius Italicus, Porphyrion, Victorinus und Quintilian nennt. Die einschlägigen Fundberichte sind die Briefe von Poggio Bracciolini an Guarino Guarini (15. Dezember 1416) gemäss Prosatori Latini del Quattrocento, hrsg. von Eugenio Garin, Mailand 1952, S. 240–247, von Cencio de' Rustici an Francesco da Fiano (1416) gemäss Bertalot, Cincius Romanus (Anm. 8), Nr. 3, S. 222–225, und von Bartolomeo da Montepulciano an Ambrogio Traversari (St.Gallen, 20. Januar 1417), in: Ambrosii Traversarii generalis [...] epistolae, Florenz 1759, Sp. 981–985. Vgl. auch die Liste der Funde sämtlicher bisheriger Entdeckungsreisen Poggios im Brief von Francesco Barbaro an Poggio Bracciolini (6. Juli 1417) in: Francisci Barbari [...] epistolae, Brixen 1743, S. 1–8, hier S. 2.

163 Jean Cousin, Recherches sur Quintilien. Manuscrits et éditions, Paris 1975, S. 50–70, hier besonders S. 55–58, lässt die Frage offen, ob der in St.Gallen gefundene Quintilian der Handschrift Zürich, Zentralbibliothek, Ms. C 74a, entspricht oder nicht. Für diese Hs. plädiert Michael Winterbottom, Fifteenth-Century Manuscripts of Quintilian, in: The Classical Quarterly 41 (1967), S. 339–369, hier S. 365–366; Reynolds, Texts and Transmission (Anm. 112), S. 332–334. Zur Handschrift vgl. Leo Cuniberg Mohlberg, Katalog der Handschriften der Zentralbibliothek Zürich, Bd. 1: Mittelalterliche Handschriften, Zürich 1952, S. 41. Vgl. Theres Flury, Karl Schmuki und Ernst Tremp, Von der Limmat zurück an die Steinach. St.Galler Kulturgüter aus Zürich. Katalog zur Sonderausstellung 2. Dezember 2006–25. Februar 2007, St.Gallen 2006, S. 9–14, 40.

164 Walser, Poggius Florentinus (Anm. 162), S. 53; Reynolds, Texts and Transmission (Anm. 112), S. 24–25, 425–427.

165 Lenz, Reichsabtei (Anm. 22), S. 489–493.

166 Vgl. Helmrath, Diffusion des Humanismus und Antikerezeption (Anm. 161), S. 125.

167 Brief von Enea Silvio Piccolomini an Gregor von Heimburg vom 31. Januar 1449 gemäss Wolkan, Briefwechsel (Anm. 104), Bd. 2, S. 79–81; Lenz, Reichsabtei

(Anm. 22), S. 491. Vgl. Johannes Helmrath, Vestigia Aeneae imitari. Enea Silvio Piccolomini als ‹Apostel› des Humanismus. Formen und Wege seiner Diffusion, in: ders., Wege des Humanismus (Anm. 161), S. 73–113, zur Handschriftensuche (ohne St. Gallen) vgl. S. 83, 96–97.

168 Cod. Sang. 859, S. 51–59. Wolkan, Briefwechsel (Anm. 104), Bd. 1.1, Nr. 151, S. 343–353; Franz J. Worstbrock, Art. Piccolomini, Aeneas Silvius, in: Die deutsche Literatur des Mittelalters. Verfasserlexikon, 2. Aufl., Bd. 7, Berlin 1989, Sp. 634–669, besonders Sp. 644.

169 Paul Joachimsohn, Die humanistische Geschichtsschreibung in Deutschland, Heft 1: Die Anfänge. Sigismund Meisterlin, Bonn 1895, S. 101–102, 185; Rolf Schmidt, Reichenau und St. Gallen. Ihre literarische Überlieferung zur Zeit des Klosterhumanismus in St. Ulrich und Afra zu Augsburg um 1500, Sigmaringen 1985, S. 153; Harald Müller, Habit und Habitus. Mönche und Humanisten im Dialog, Tübingen 2006, S. 137–174; Lenz, Reichsabtei (Anm. 22), S. 271, 281.

170 Scarpatetti, Codices 547–669 (Anm. 49), S. 224–225. In Frage käme theoretisch auch der St. Galler Konventuale Sigismund Rüeggli. Vgl. Lenz, Reichsabtei (Anm. 22), S. 271–272, 278.

171 Vgl. Herrad Spilling, Handschriften des Augsburger Humanistenkreises, in: Renaissance- und Humanistenhandschriften, hrsg. von Johanne Autenrieth unter Mitarbeit von Ulrich Eigler, München 1988, S. 76–77, Anm. 36.

172 Dies geht aus dem Bücherkatalog (Bibeln zuerst, klassische Literatur zuletzt), dem Bildungskanon der Klosterschule, der Baukunst und der Schrift hervor. Siehe Lenz, Reichsabtei (Anm. 22), S. 271–272, 476, 503.

173 Albrecht von Bonstetten, Briefe und ausgewählte Schriften, hrsg. von Albert Büchi, Basel 1893, Nr. 62, 76, 77; Albert Büchi, Albrecht von Bonstetten. Ein Beitrag zur Geschichte des Humanismus in der Schweiz, Frauenfeld 1889, S.30, 39–41; Paul Staerkle, Beiträge zur spätmittelalterlichen Bildungsgeschichte St. Gallens, St. Gallen 1939, S. 96–97 mit Anm. 72. Vgl. allgemein Müller, Habit und Habitus (Anm. 169); Helmrath, Humanismus in Deutschland (Anm. 161), S. 22–26, 40–42.

174 Philipp Lenz, Marienverehrung und Mariensequenzen als Teil der liturgischen Erneuerung im Kloster St. Gallen an der Wende vom fünfzehnten zum sechzehnten Jahrhundert, in: Maria in Hymnus und Sequenz. Interdisziplinäre mediävistische Perspektiven, hrsg. von Eva Rothenberger und Lydia Wegener, Berlin 2017, S. 11–45; Philipp Lenz, Die Wiederbelebung der Gallusverehrung im Kloster St. Gallen im 15. Jahrhundert, in: Gallus und seine Zeit. Leben, Wirken, Nachleben. Internationaler Kongress zum Gallusjubiläum 612/2012, hrsg. von Karl Schmuki u. a., St. Gallen 2015, S. 365–386.

175 Sie liesse sich fortsetzen mit Repräsentanten des Späthumanismus wie Melchior Goldast († 1635). Vgl. Bernhard Hertenstein, Joachim von Watt (Vadianus), Bartholomäus Schobinger, Melchior Goldast. Die Beschäftigung mit dem Althochdeutschen von St. Gallen in Humanismus und Frühbarock, Berlin 1975, S. 115–199.

176 Ebd., S. 35–39; Gamper, Doctor von Watt (Anm. 162); Rudolf Gamper, Gallus ohne Nimbus. Vadian erforscht den historischen Gallus, in: Schmuki u. a. (Hrsg.), Gallus und seine Zeit (Anm. 174), S. 387–405, hier S. 391–392, 398–399 mit Abb. 3–4; Rudolf Gamper, Joachim Vadian 1483/84–1551. Humanist, Arzt, Reformator, Politiker. Mit Beiträgen von Rezia Krauer und Clemens Müller, Zürich 2017, S. 342–343.

177 Hertenstein, Joachim von Watt (Anm. 175), S. 38; Johannes Rütiner, Diarium 1529–1539, hrsg. von Ernst G. Rüsch, St. Gallen 1996, Bd. 1, S. 273–274 [505]; Lenz/Ortelli, Codices 670–749 (Anm. 101), S. 240–242.

178 Gamper, Doctor von Watt (Anm. 162), S. 185–186, 190–191; Gamper, Joachim Vadian (Anm. 176), S. 42–43, 342–343.

Register der Handschriften und gedruckten Bücher